Não existe um título cristológico tão essencial quanto "Filho de Deus"; nenhum outro é mais importante. Esse estudo prova isso com impressionante clareza, por meio de sólida e cuidadosa exegese e reflexão teológica, em face dos equívocos e das disputas de ontem e de hoje. Mais uma vez, D. A. Carson presta um bom serviço à igreja.

> **Richard B. Gaffin Jr.**, professor emérito de Teologia Bíblica e Sistemática no Westminster Theological Seminary

Sei o que é rejeitar Jesus como o "Filho de Deus". Quando eu era muçulmano, nada me deixava mais perplexo e, para ser bem honesto, mais irritado do que ouvir os cristãos se referirem a Jesus como "o Filho de Deus". Eu os considerava blasfemos que mereciam ser condenados. Mas hoje, nada me deixa mais feliz do que saber que Jesus, de fato, é o Filho de Deus e que esse título é muito mais verdadeiro e maravilhoso do que eu jamais poderia imaginar. Assim, é com entusiasmo e alegria que recebo esse livro de D. A. Carson na condição de alguém que um dia negou a verdade de que Jesus é o Filho de Deus. Com seu jeito costumeiramente claro, caloroso, equilibrado e cuidadoso, Carson nos oferece um novo exame de uma verdade preciosa que tantos cristãos subestimam e tantos muçulmanos entendem mal. Se você deseja conhecer melhor Jesus e a Bíblia, certamente não ficará desapontado com esse livro.

> **Thabiti Anyabwile**, pastor-titular da Primeira Igreja Batista de Grande Cayman; autor de *O que é um membro de igreja saudável?* (Fiel)

O que significa confessar que Jesus é o Filho de Deus? D. A. Carson trabalha com essa questão em *Jesus, o Filho de Deus*. Nesse pequeno livro, ele lança um firme fundamento para ajudar a igreja a entender essa expressão usada com referência a Jesus. Depois de tratar das acepções de "Filho de Deus" nas Escrituras, tanto as gerais quanto as que se aplicam a Jesus, Carson mostra como a teologia sistemática deve se basear numa sólida exegese da Bíblia. Ele se esforça por vincular seu estudo à controvérsia nos círculos missiológicos em torno da apresentação de Jesus como Filho de Deus em contextos cristãos e muçulmanos. De modo crítico e cordial ao mesmo tempo, Carson convida a uma reconsideração das novas traduções que substituíram as referências a Deus Pai e a Jesus como Filho para se tornarem mais aceitáveis aos muçulmanos.

> **Robert A. Peterson**, professor de Teologia Sistemática pelo Covenant Seminary

JESUS
O FILHO DE DEUS

Dados Internacionais de Catalogação na Publicação (CIP)
Angélica Ilacqua CRB-8/7057

Carson, D. A.
  Jesus, o Filho de Deus: o título cristológico muitas vezes negligenciado, às vezes mal compreendido e atualmente questionado / D. A. Carson; tradução de Robinson Malkomes. — São Paulo: Vida Nova, 2015.
  128 p.

ISBN 978-85-275-0609-0
Título original: *Jesus the Son of God: a Christological title often overlooked, sometimes misunderstood, and currently disputed*

1. Jesus Cristo — Divindade 2. Filhos de Deus I. Título
II. Malkomes, Robinson

15-02057   CDD 232.8

Índice para catálogo sistemático:

1. Jesus Cristo — Personalidade e missão

JESUS
O FILHO DE DEUS

O TÍTULO CRISTOLÓGICO MUITAS VEZES
NEGLIGENCIADO, ÀS VEZES MAL COMPREENDIDO
E ATUALMENTE QUESTIONADO

TRADUÇÃO
ROBINSON MALKOMES

D. A. CARSON

©2012, de D. A. Carson
Título do original: *Jesus the Son of God: a Christological title often overlooked, sometimes misunderstood, and currently disputed*,
edição publicada pela Crossway (Wheaton, Illinois, EUA).

Todos os direitos em língua portuguesa reservados por
Sociedade Religiosa Edições Vida Nova
Caixa Postal 21266, São Paulo, SP, 04602-970
vidanova.com.br | vidanova@vidanova.com.br

1ª edição: 2015
Reimpressão: 2016

Proibida a reprodução por quaisquer meios,
salvo em citações breves, com indicação da fonte.

Impresso no Brasil / *Printed in Brazil*

Todas as citações bíblicas foram extraídas da *Almeida Século 21* (A21), salvo indicação em contrário. Citações bíblicas com a sigla TA se referem a traduções feitas pelo autor.

Gerência editorial
Fabiano Silveira Medeiros

Edição de texto
Lucília Marques da Silva

Revisão de provas
Fernando Mauro S. Pires

Revisão da tradução e
Preparação de texto
Marcia B. Medeiros

Coordenação de produção
Sérgio Siqueira Moura

Diagramação
Sonia Peticov

Capa
Souto Crescimento de Marca

Este livro é dedicado com gratidão a
John Piper,
que com seu exemplo sempre nos lembra
de prestar atenção ao texto.

SUMÁRIO

Prefácio 11

1 "Filho de Deus" como título cristológico 13
2 "Filho de Deus" em passagens selecionadas 45
3 "Jesus, o Filho de Deus" em contextos cristãos
  e muçulmanos 75

Índice remissivo 115
Índice de passagens bíblicas 119

PREFÁCIO

Este pequeno livro nasceu do conteúdo de três palestras feitas no Reformed Theological Seminary em Jackson, no estado do Mississippi, nos dias 5 e 6 de março de 2012. Em formato reduzido, tornou-se a Palestra Gaffin sobre Teologia, Cultura e Missões no Westminster Theological Seminary, em 14 de março de 2012, e depois, levemente modificada, transformou-se no conteúdo básico de três palestras em francês, apresentadas durante o Colloque Réformée, realizado em Lion, na França, em abril do mesmo ano. Sou extremamente grato a Michel Lemaire e a Jacob Mathieu pelo trabalho cuidadoso de tradução. É um prazer, e não mera obrigação, expressar meus sinceros agradecimentos aos que organizaram essas palestras e me convidaram para participar. Tenho uma enorme dívida de gratidão por toda a hospitalidade e amabilidade.

Escolhi o tema em 2009. Parte do trabalho que eu havia desenvolvido enquanto lecionava a Carta aos Hebreus, em especial o capítulo 1, no qual se diz que Jesus é superior aos anjos por ser ele o Filho, despertou-me para pensar sobre o assunto de maneira mais global. Além disso, já faz algum tempo que venho pensando sobre o hiato entre a exegese meticulosa e as formulações doutrinárias. É claro que precisamos de ambas, mas se uma formulação doutrinária não for ditada, em última análise, pela exegese e *visivelmente* controlada por ela ambas se enfraquecerão. O tema do "Filho de Deus" tornou-se um dos vários casos-teste (análises contextuais de termos bíblicos) do meu pensamento. No entanto, desde que o tema foi escolhido, os debates sobre qual seria uma tradução fiel de "Filho de Deus", sobretudo tendo em vista leitores muçulmanos, têm saído do contexto restrito dos periódicos lidos por tradutores da Bíblia e alcançado o grande público. Denominações inteiras foram apanhadas nessa polêmica que não dá sinais de arrefecimento. O último dos três capítulos deste livro dedica-se ao exame destes dois pontos: como, num contexto cristão, a exegese leva adequadamente ao confessionalismo cristão e como, num contexto transcultural que visa a preparar tradutores da Bíblia para leitores muçulmanos, podemos ser sabiamente flexíveis nos debates atuais. Mas peço encarecidamente que você leia antes os dois primeiros capítulos. Eles fornecem os detalhes textuais necessários sobre os quais a abordagem das controvérsias precisa estar fundamentada.

Este livro não é principalmente uma contribuição para os debates atuais, por mais importantes que sejam. Ele se destina a promover a clareza de pensamento entre os cristãos que desejam saber o que queremos dizer quando nos colocamos ao lado de crentes através dos séculos e confessamos: "Creio em Deus Pai todo-poderoso, Criador do céu e da terra, e em Jesus Cristo, seu único Filho, nosso Senhor".

Mais uma vez é um prazer registrar minha dívida de gratidão a Andy Naselli por suas sugestões de valor incalculável.

Soli Deo gloria.

Capítulo Um

"FILHO DE DEUS" COMO TÍTULO CRISTOLÓGICO

"Creio em Deus Pai todo-poderoso, Criador do céu e da terra, e em Jesus Cristo, seu único Filho, nosso Senhor." Semana após semana, milhões de cristãos recitam essas palavras do Credo Apostólico. Mas o que significa confessar Jesus como o único Filho de Deus? O que significa dizer que o Deus da Bíblia tem um Filho? Não é possível que o sentido seja exatamente o mesmo de quando digo a alguém: "Sim, eu tenho um filho". Além disso, em diferentes lugares nas Escrituras aprendemos (como veremos) que Adão é filho de Deus, Israel é filho de Deus, o rei Salomão é filho de Deus, os israelitas são filhos de Deus, os pacificadores serão chamados filhos de Deus, e os anjos são mencionados como filhos de Deus. Que semelhanças ou diferenças existem entre as declarações de filiação acima e a filiação de Jesus? Por que devemos pensar nele como único Filho de Deus?

REFLEXÕES PRELIMINARES
Já faz pelo menos um século que as pregações e publicações cristãs têm dirigido muito mais atenção à divindade e ao

senhorio de Jesus do que à sua filiação. Em tempos mais recentes, quando os cristãos escrevem e falam de Jesus como Filho de Deus, eles costumam se concentrar em um dos três temas seguintes.

Primeiro, muitas obras elaboradas dentro da disciplina da Teologia Sistemática discutem a filiação de Jesus, em especial o título "Filho de Deus", ao tratar do tema mais amplo da teologia trinitária. O livro de Alister McGrath não inclui "Filho de Deus" no índice remissivo.[1] Ao estudar as "bases bíblicas da Trindade", o professor McGrath menciona três "personificações" de Deus na Bíblia (embora ele prefira o termo "hipostatizações"): a sabedoria, o Verbo de Deus e o Espírito de Deus.[2] "Filho" não é mencionado. Mas McGrath dá um bom tratamento a "Filho" nas páginas em que estuda o desenvolvimento histórico da doutrina da Trindade durante o período patrístico. Nesse ponto, os leitores aprendem a visão oriental da Trindade (o Pai gera o Filho e sopra ou "expira" o Espírito Santo) e a visão ocidental (o Pai gera o Filho, e ambos sopram o Espírito Santo).[3] McGrath quase não procura amarrar essas discussões ao que os textos *bíblicos* de fato dizem; esse trecho de seu estudo fica preso às controvérsias patrísticas. A recente e bela obra de teologia sistemática de Michael Horton, por ser mais extensa, dedica muito mais espaço à Trindade e se esforça por amarrar suas

---

[1] Alister McGrath, *Christian theology: an introduction* (Oxford: Blackwell, 1994).

[2] Ibid., p. 248-9.

[3] Aqui, é claro, McGrath inclui um breve estudo da controvérsia *filioque*: será que o Espírito Santo procede somente "do Pai" (terminologia aceita pelo Credo Niceno) ou "do Pai *e do Filho*" (ideia transmitida pelo latim *filioque*)? A igreja ocidental insistiu nesse acréscimo.

conclusões teológicas às Escrituras.⁴ Todavia, nem McGrath nem Horton tratam as diferentes maneiras pelas quais o título "Filho de Deus" se aplica a Jesus. Eles se concentram quase exclusivamente nas passagens em que "Filho de Deus" se aplica a Jesus *e parece ter alguma influência sobre o nosso entendimento da Trindade*. Em face das características desses projetos, isso é compreensível e até elogiável. Todavia, os leitores ficam desinformados sobre a variedade de modos pelos quais o título "Filho de Deus" é usado para se referir a Jesus e sobre como a mesma expressão, "filho", pode ser usada em referência a Adão, aos israelitas, a Salomão, aos pacificadores e aos anjos.⁵ E essa lista não é exaustiva!

Segundo, algumas obras são especializadas e concentram-se não nas categorias da Teologia Sistemática, mas em linhas levemente diversas. Sam Janse conta como o salmo 2 — principalmente a fórmula "Tu és meu filho" — foi recebido no judaísmo antigo e no Novo Testamento.⁶ A história que Janse reconstitui é minimalista; ele certamente não a dirige para o trinitarismo. Seguindo por um caminho um pouco diferente, Michael Peppard analisa os processos de adoção nos contextos social e político do mundo romano, lendo dentro desse cenário o Novo Testamento e as

---

⁴Michael Horton, *The Christian faith: a systematic theology for pilgrims on the way* (Grand Rapids: Zondervan, 2011).
⁵Podemos acrescentar aqui as poucas páginas dedicadas a "Filho de Deus" no livro muito bem embasado de K. Scott Oliphint, *God with us: divine condescension and the attributes of God* (Wheaton: Crossway, 2012).
⁶Sam Janse, *"You are my Son": the reception history of Psalm 2 in early Judaism and the early church*, Contributions to Biblical Exegesis and Theology (Leuven: Peeters, 2009).

evidências patrísticas em desenvolvimento.⁷ Os leitores não estarão totalmente equivocados se concluírem que a tese de Peppard é um novo reducionismo, mais um exemplo de exegese que recorre a supostos paralelos (nesse caso, paralelos greco-romanos), outro caso de "paralelomania", para usar o simpático termo criado por Samuel Sandmel.⁸

Terceiro, nos últimos anos surgiram duas controvérsias veementes que mereceram espaço nas publicações que tratam da terminologia do "Filho" ou do "Filho de Deus" aplicada a Jesus. O primeiro desses embates diz respeito ao grau de subordinação do Filho em relação ao Pai, com influências correlativas sobre as discussões em torno do igualitarismo e do complementarismo. Nos capítulos deste livro, não dedicarei muito espaço a esses debates, mas farei apenas algumas observações ao longo do caminho. A segunda polêmica discute como se deve traduzir a expressão "Filho de Deus", sobretudo nas traduções da Bíblia dirigidas ao mundo muçulmano. Reservarei parte do capítulo três para tratar desse assunto — mas só estarei pronto para isso depois de lançar os alicerces nos dois primeiros capítulos.

Esses, então, têm sido os três principais pontos de interesse nos últimos anos, sempre que se examina a expressão "Filho de Deus". De vez em quando, surgem exceções interessantes. Pensamos, por exemplo, no excelente trabalho de Robert A. Peterson, *Salvation accomplished by the Son: the work of Christ* [A salvação consumada pelo Filho: a obra de

---

[7] Michael Peppard, *The Son of God in the Roman world: divine sonship in its social and political context* (Oxford: Oxford University Press, 2011).
[8] Samuel Sandmel, "Parallelomania", *Journal of Biblical Literature* 81 (1962): 2-13.

Cristo].⁹ No entanto, apesar de seus muitos pontos fortes, o livro fala relativamente pouco sobre como a terminologia do Filho *funciona* quando aplicada a Jesus — ou seja, o que ela de fato *significa*. Mas devemos ter a delicadeza de supor que isso se deve ao fato de Peterson se concentrar na *obra* de Cristo, e não em sua *pessoa*. A volumosa teologia bíblica de Greg Beale, com sua organização peculiar, reserva muitas páginas à filiação de Jesus.¹⁰ Exatamente porque ele procura detectar trajetórias que se processam através da Bíblia, o tratamento de Beale muitas vezes fica mais preso a textos bíblicos específicos e não contempla tanto as controvérsias teológicas posteriores que acabaram desenvolvendo uma terminologia própria especializada.

No restante deste capítulo, volto-me primeiro para filhos e filiação, depois para filho ou filhos de Deus — em que o vínculo com Jesus como Filho singular não é inquestionável — e finalmente concentro-me em Jesus como Filho de Deus. Não restringirei a discussão a textos em que "filho" ou "filhos" ocorrem: afinal de contas, se Deus é retratado como Pai, então, em algum sentido, os que se relacionam com ele estão sendo vistos como seus filhos.

FILHOS E FILIAÇÃO

Na Bíblia, a grande maioria de ocorrências de "filho", seja no singular, seja no plural, mas sem o designativo "de

---

⁹Robert A. Peterson, *Salvation accomplished by the Son: the work of Christ* (Wheaton: Crossway, 2012).
¹⁰G. K. Beale, *A New Testament biblical theology: the unfolding of the Old Testament in the New* (Grand Rapids: Baker, 2011), esp. p. 316-9, 400-29, 441-3, 670-2, 704-8, 761, 913-5 [edição em português: *Teologia bíblica neotestamentária: o uso do Antigo Testamento no Novo Testamento* (São Paulo: Vida Nova, no prelo)].

Deus", refere-se a filho biológico. Às vezes, o nome do filho é mencionado: "Assim, Boaz casou-se com Rute [...] Ele a conheceu intimamente, e o SENHOR permitiu que ela engravidasse. E ela deu à luz um filho. [...] E chamaram ao menino Obede" (Rt 4.13,17); "Toma agora teu filho, o teu único filho, Isaque, a quem amas; vai à terra de Moriá e ofereceo ali em holocausto sobre um dos montes que te mostrarei" (Gn 22.2). Às vezes, o filho, cujo nome não aparece no contexto imediato, é identificado com um patronímico: "Conheço um dos filhos de Jessé, o belemita, que sabe tocar bem" (1Sm 16.18); ou nas várias referências que o Novo Testamento faz aos filhos de Zebedeu. Quando não há um patronímico, pode haver algum outro tipo de identificação como, por exemplo, "filho da filha do faraó" (Hb 11.24) ou "o filho do carpinteiro" (Mt 13.55).[11] Em outras oportunidades, o filho não é citado pelo nome, mas o contexto mostra que a relação que está em vista é inteiramente natural, como acontece quando a sunamita critica Eliseu: "Por acaso pedi ao meu senhor algum filho?" (2Rs 4.28). Tal acepção é bastante frequente: por exemplo, "[Acaz] andou no caminho dos reis de Israel e até queimou seu filho em sacrifício" (2Rs 16.3); "Completou-se o tempo de Isabel dar à luz, e ela teve um filho" (Lc 1.57) — e, lógico, o contexto logo revela o nome do filho, João (1.63). Nesse mesmo uso se enquadram os casos em que um dos pais se dirige ao filho/filha, cujo nome é conhecido, e emprega a palavra "filho", a exemplo de quando Maria diz a Jesus: "Filho, por que

---

[11]Nesse exemplo, é claro que Jesus não é filho biológico de um carpinteiro, mas é assim que pensam os que estão falando. Aqui, estou interessado apenas no uso da linguagem.

fizeste isso conosco? Teu pai e eu estávamos te procurando muito ansiosos" (Lc 2.48).

Às vezes, o contexto revela que a palavra "filho" não está se referindo a um indivíduo, citado ou não pelo nome, mas a uma categoria, como se fosse um filho representativo: "Saberás no coração que o Senhor, teu Deus, te corrige, assim como um homem corrige o filho" (Dt 8.5); "Também, se este por sua vez gerar um filho que veja todos os pecados que seu pai fez, tema e não cometa coisas semelhantes" (Ez 18.14). Esse tipo de uso também não deixa de ser comum no Novo Testamento: "... quem ama seu filho ou sua filha mais do que a mim não é digno de mim" (Mt 10.37); "Certo homem tinha dois filhos" (Lc 15.11). Talvez também devamos mencionar aqui as passagens em que "filho" não é empregado em referência a um descendente biológico do sexo masculino, mas a um parente distante, alguém mais jovem e membro do clã ou da tribo — uma acepção que quase expressa um parentesco próximo, como na história do rico e de Lázaro, em que Abraão dirige-se ao rico que está em sofrimento no Hades: "Filho, lembra-te..." (Lc 16.25).

Todos os exemplos citados até agora pressupõem filiação natural, filiação biológica, em oposição ao uso metafórico. Antes de me voltar para o extenso uso metafórico de "filho" e de termos afins na Bíblia, vale a pena refletir sobre os pontos em comum nas muitas expressões que vou listar. Na cultura ocidental contemporânea, a filiação se estabelece de modo irrefutável pelo DNA: a ligação biológica pode ser determinada cientificamente com uma minúscula margem de erro. Por extensão de sentido, também podemos falar de filhos adotados: o vínculo biológico sai de cena, mas os laços legais e familiares são muito fortes. Entre as expressões com as quais *não* estamos acostumados, encontram-se "filhos da aflição", "filho da manhã", "filho de um arco" e uma série de outras que haverei de listar — todas encontradas nas Escrituras, embora muitas não tenham sido preservadas nas traduções atuais. O que elas têm em comum?

Do ponto de vista vocacional, em nossa cultura são relativamente poucos os filhos que acabam exercendo a mesma profissão dos pais; relativamente poucas filhas também fazem o que as mães faziam. Em muitas oportunidades, tenho feito a seguinte pergunta: "Entre os homens aqui presentes, quantos, do ponto de vista profissional, fazem a mesma coisa que seus pais faziam quando tinham a mesma idade? Entre as mulheres, quantas estão fazendo hoje o que suas mães faziam com a mesma idade?". Raramente o número chega a cinco por cento dos presentes. No entanto, no mundo antigo, a porcentagem era bem mais alta, muitas vezes acima de noventa por cento. Se seu pai era agricultor, você se tornava agricultor; se seu pai era padeiro, você se tornava padeiro; se ele era carpinteiro, você se tornava carpinteiro — é por isso que Jesus era conhecido como o filho do carpinteiro (Mt 13.55) e, numa passagem muito interessante, foi mencionado como carpinteiro (Mc 6.3 — provavelmente depois da morte de José). Se o seu sobrenome era Stradivarius, você se tornava um fabricante de violinos. Sua profissão, sua vocação e até sua identidade eram herdadas *de seu pai*. Se você fosse agricultor, teria aprendido *com seu pai* quando e como plantar, quando e como irrigar, quando e como colher — não em algum colégio agrícola das redondezas. Se você fosse fabricante de violinos, teria aprendido *com seu pai* que madeira escolher, quais os tamanhos e as proporções de cada peça, que cola deveria ser usada e como fazer o acabamento. Expressando de outra maneira, seu pai determinava sua identidade, sua formação, sua vocação. Ele gerava o filho não apenas biologicamente, mas também, digamos, funcionalmente. Você derivava dele, não apenas de uma perspectiva biológica, mas também funcional. O que é transparente é que essa relação pai-filho tem só uma direção: o filho não gera o pai, biológica ou funcionalmente, nem dá a ele sua identidade.

Em outras palavras, sua filiação paterna era responsável por muito mais que seus genes; seu pai garantia muito mais do que a mensalidade escolar. Ele determinava sua vocação, seu lugar na cultura, sua identidade, seu lugar na família. Essa é a dinâmica de uma cultura pré-industrial e fundamentalmente caracterizada pela agricultura, pelo artesanato e por atividades informais.

Essa dinâmica social não molda necessariamente as estruturas linguísticas de todas as culturas caracterizadas por ela, mas certamente influenciou a cultura hebraica. Consequentemente, há muitas expressões "filho de X" na Bíblia, em que a identidade de "X" é bastante diversa e a relação entre o filho e "X" certamente não é biológica.

Veja, por exemplo, a expressão "filho(s) de Belial" ou "homens [ou eventualmente "filha"] de Belial", em que "Belial" costuma ficar oculto nas traduções mais contemporâneas:

Tabela 1

Texto	ARC	NVI	A21
Dt 13.13	filhos de Belial	homens perversos	homens sem escrúpulos
Jz 19.22	homens que eram filhos de Belial	alguns vadios	homens depravados
Jz 20.13	filhos de Belial	esses canalhas	homens depravados
1Sm 1.16	filha de Belial	uma mulher vadia	mulher sem valor
1Sm 2.12	filhos de Belial	ímpios	ímpios
1Sm 10.27	os filhos de Belial	alguns vadios	homens ímpios
1Sm 25.17	filho de Belial	um homem tão mau	ele é tão genioso
1Sm 25.25	este homem de Belial	homem mau	homem genioso
1Sm 30.22	os maus e filhos de Belial	elementos maus e vadios	homens maus e inúteis
2Sm 16.7	homem de Belial	bandido	perverso
2Sm 20.1	um homem de Belial	um desordeiro	homem desprezível
2Sm 23.6	os filhos de Belial	os perversos	os ímpios
1Rs 21.10	filhos de Belial	homens vadios	homens sem escrúpulos
1Rs 21.13	filhos de Belial	homens vadios	homens sem escrúpulos
2Cr 13.7	homens vadios, filhos de Belial	homens vadios e imprestáveis	homens vadios e perversos
2Co 6.15	E que concórdia há entre Cristo e Belial?	Que harmonia entre Cristo e Belial?	Que harmonia existe entre Cristo e Belial?

Algumas poucas observações chamarão a atenção para pontos de destaque. (1) A palavra "Belial" é preservada como transliteração do hebraico e, no último exemplo, do grego,[12] em cada ocorrência na ARC. A palavra é mantida tanto pela NVI quanto pela A21 em apenas uma passagem, a saber, a última — ou seja, na única passagem em que ela não é antecedida pela locução "filho de" ou "homem de", em que "Cristo" se contrapõe a "Belial". (2) Com exceção desse último exemplo, a versão da Bíblia em inglês conhecida como English Standard Version (ESV) sempre interpreta o elemento "de Belial" com o significado de "sem valor". Isso pode estar correto, mas certamente não é sempre assim; essa tradução harmoniza-se com uma das quatro ou cinco derivações sugeridas da palavra "Belial". No último exemplo, Paulo usa "Belial" como sinônimo de Satanás. (3) Chamar alguém de "filho de Belial" não significa obrigatoriamente que o pai *biológico* daquele filho seja Belial/sem valor/perverso/vadio/Satanás. Antes, é uma forma radical de dizer que a conduta do filho é tão sem valor/perversa, que ele é identificado com a família sem valor/perversa. Essa é sua identidade. (4) É provável que haja pouca diferença entre "filho de Belial" e "homem de Belial". Em ambos os casos, "Belial" identifica o caráter e a conduta do filho ou do homem. Se existir alguma diferença entre as duas expressões, "filho de Belial" evoca uma imagem mental de "Belial" *gerando* o filho, ao passo que "homem de Belial", embora identifique o homem com Belial, não transmite nenhuma imagem de Belial gerando o homem.

---

[12] É claro que existe aqui uma variante textual bem conhecida: "Beliar".

(5) Tanto a NVI quanto a A21 não procuram preservar o elemento "filho de" ou "filha de" presente na expressão.

Há um número razoável de outras expressões "filho(s) de X" na Bíblia, mas são raros os casos em que as traduções preservam o elemento "filho(s) de". A lista a seguir não é exaustiva, mas é bastante abrangente:

Tabela 2

Texto	Tradução literal	ARC	NVI	A21
Êx 12.5	filho de um ano	macho de um ano	macho de um ano	macho de um ano
Dt 25.2	filhos do açoite	merecer açoites	merecer açoitamento	merecer chicotadas
2Sm 17.10	filhos da força	homens valentes	corajosos	valentes
2Rs 6.32	filho de um assassinato	filho do homicida	assassino	homicida
2Rs 16.7	teu filho [i.e., um rei subordinado a outro]	teu filho	teu vassalo	teu filho
Ne 12.28	filhos dos cantores	filhos dos cantores	cantores	cantores
Jó 5.7	filhos de uma chama	faíscas	fagulhas	faíscas
Jó 41.28	filho de um arco	seta	flechas	flecha
Sl 89.22	filho da maldade	filho da perversidade	injusto	filho da maldade
Sl 149.2	filhos de Sião	filhos de Sião	povo de Sião	filhos de Sião
Pv 31.5	filhos da aflição	os aflitos	oprimidos	oprimido

Is 14.12	filho da manhã	filha da alva	filho da alvorada	filha da alva
Is 19.11	filho dos sábios	filho de sábios	sábio	filho de sábios
Is 21.10	filhos da eira [i.e., do grão debulhado]	Ah! Malhada minha, e trigo da minha eira	Ah, meu povo malhado na eira	Ah, meu rebanho e trigo da minha eira
Is 57.3	filhos de uma vidente	filhos da agoureira	filhos de adivinhas	filhos da adivinha
Lm 3.13	filhos da aljava	flechas da sua aljava	flechas de sua aljava	flechas da sua aljava
Zc 4.14	filhos do óleo	ungidos	que foram ungidos	ungidos
Mt 13.38	filhos do reino	filhos do Reino	filhos do Reino	filhos do reino
Mt 13.38	filhos do maligno	filhos do Maligno	filhos do Maligno	filhos do Maligno
Mt 17.25	filhos [de reis]	seus filhos [de reis]	seus próprios filhos [de reis]	seus súditos
Mc 2.19	filhos do quarto de núpcias	filhos das bodas	convidados do noivo	convidados para o casamento

Novamente algumas poucas observações ajudarão a esclarecer a importância do diagrama.

(1) Na expressão "filho(s) de X", o "X" é quase sempre abstrato, ou pelo menos não pessoal, não humano (e.g., filho de um ano, filhos da aflição, filho da manhã, filhos do óleo, filhos da aljava). Em todos esses casos, é claro que a relação entre "filho" e "X" não pode ser biológica. Nesses exemplos, mesmo quando "X" é uma pessoa, a relação não é biológica. "Filho dos sábios" não se refere a uma descendência literal dos homens sábios; antes, refere-se àqueles

cuja conduta e conselho são tão sábios, que é como se eles se identificassem com o grupo dos sábios, com a família dos sábios: essa é a família e a identidade deles. Os filhos de uma adivinha não são filhos no sentido literal; são aqueles que procuram a orientação de adivinhos e, assim, revelam estar entre os que gostam de adivinhação.

(2) As nuances exatas da relação entre "filho" e "X" variam profundamente. Os "filhos do açoite" (Dt 25.2) refere-se aos que *merecem* ser chicoteados, ou seja, merecem ser castigados; pertencem a essa categoria.

Em contraste com isso, os "filhos de uma chama" não *merecem* a chama; antes, toda a expressão evoca metaforicamente as faíscas. De modo geral, a nuance exata pode ser identificada com facilidade no contexto. Às vezes existe um sentido em que "X" gera o "filho": por exemplo, a chama gera a faísca.

(3) Em alguns casos, manter uma tradução mais literal pode levar ao erro. A ARC preserva "filhos dos cantores" em Neemias 12.28, e o leitor desavisado pode perfeitamente entender que existe ali uma referência à linhagem biológica dos cantores. Na realidade, o texto se refere aos cantores, aos músicos, e não à sua descendência.

(4) "Filhos do quarto de núpcias" (Mc 2.19) é um caso muito interessante. Tanto a NVI quanto a A21 reconhecem que a expressão se refere aos convidados para um casamento, mas cada versão tem sua maneira de lidar com o sentido de quarto de núpcias, o elemento "X" da expressão. Levando em conta quem expedia os convites para um casamento judaico na Palestina do primeiro século, a NVI traduz por "convidados do noivo". A A21, nesse caso, adota a

expressão mais moderna e coloquial "convidados para o casamento". Ambas, é claro, não deixam vestígios de nenhum quarto de núpcias literal. Em qualquer que seja o sentido, metáforico ou não, o quarto de núpcias não *gera* os "filhos", mas estabelece a identidade deles.

(5) De qualquer modo, as três versões reconhecem que, pelo menos em alguns casos, a tradução mais literal é inadequada. Um leitor pode eventualmente perceber que os tradutores reconhecem que estão lidando com uma expressão idiomática um pouco estranha: os esforços para interpretá-la podem resultar numa convenção ortográfica inexistente na língua de origem (como a versão em inglês ESV faz no caso de "filho da Alvorada" [Is 14.12], com letra maiúscula, em vez optar pelo "filho da manhã" mais prosaico).

Esse tipo de cenário é o que faz com que várias outras expressões na Bíblia sejam compreendidas mais facilmente. Quem são os filhos de Abraão? Paulo insiste em dizer que os verdadeiros filhos de Abraão não são aqueles que carregam os genes do patriarca, mas os que agem como ele, os que imitam sua fé (Gl 3.7; cf. Jo 8.33,39,40), o "homem que creu" (Gl 3.9). A obrigação que o filho tem de imitar o pai fica visível de modo comovente quando Paulo diz a seus convertidos em Corinto: "Porque ainda que tenhais dez mil instrutores em Cristo, não teríeis, contudo, muitos pais. Pois pelo evangelho eu mesmo vos gerei em Cristo Jesus. Portanto, rogo-vos que sejais meus imitadores" (1Co 4.15,16).

Uma última observação antes de concluir esta seção. Às vezes, em uma mesma passagem, é possível detectar usos bastante diversos da expressão "filho de X". Por exemplo, em 1Samuel 20.30, lemos: "Então Saul ficou furioso com

Jônatas e lhe disse: Filho de uma mulher perversa e rebelde![13] Será que eu não sei que você tem apoiado o filho de Jessé para sua própria vergonha e para vergonha daquela que o deu à luz?" (NVI). Aqui, a primeira das duas expressões, "filho de uma mulher perversa e rebelde", não está se referindo à mãe biológica de Jônatas. Se assim fosse, por que, na segunda parte do versículo, o rei Saul pensaria que os atos de Jônatas fariam com que ela se envergonhasse? Na segunda das duas expressões, "filho de Jessé", a filiação em nível único é inevitavelmente biológica, mas o profundo desprezo na voz do rei Saul indica que ele não optou por se referir a Davi simplesmente citando seu patronímico. Antes, ele deseja amaldiçoar não somente Davi, mas todo o clã de Jessé — ou talvez, melhor dizendo, ele acha que Davi é absolutamente desprezível *porque* nasceu num clã desprezível. Em outras palavras, as diferenças nas formas como "filho de X" funciona nas duas ocorrências desse texto são

---

[13] A expressão é traduzida assim ou com poucas diferenças pela NVI, ARA e ARC. A *NET Bible* (https://netbible.org) traz "*You stupid traitor!*" [Seu traidor idiota!] e acrescenta a seguinte nota: "Hebr., 'filho de uma perversa mulher de rebeldia'". Mas uma tradução tão claramente literal e domesticada do hebraico deixa de captar a força da reação incontida de Saul. Este, agora indignado e furioso por causa do contato de Jônatas com Davi, está descarregando sobre o filho palavras vulgares e cheias de sentimentos. A tradução da frase sugerida por Ludwig Koehler e Walter Baumgartner é "bastardo de uma mulher teimosa" (חזק, in: *Hebrew and Aramaic lexicon of the Old Testament*), mas essa não é uma expressão de uso comum. Uma frase que estaria mais próxima dos sentimentos aqui expressos pelo hebraico seria "Seu idiota, filho da p...!". No entanto, a sensibilidade às diversas condições em que a Bíblia é lida em público levou a uma tradução menos chocante, focada no valor semântico das palavras de Saul (i.e., o comportamento de seu próprio filho Jônatas, que ele considerava uma traição pessoal e política [= "traidor"]). Cf. NLT: "*You stupid son of a whore!*" ["Seu idiota filho de uma prostituta!"]; A Mensagem: "Seu filho de uma vagabunda!".

sutis, mas não exatamente obscuras, se prestarmos atenção à fluência do argumento e à natureza dessa metáfora.

O USO DE "FILHO(S) DE DEUS" EM REFERÊNCIA A OUTROS SERES QUE NÃO JESUS

Passamos agora do exame das expressões "filho(s) de X", em que "X" é qualquer coisa menos Deus, para as expressões "filho(s) de X", em que "X" é Deus. Incluirei algumas ocorrências em que, por exemplo, Deus é retratado como o Pai que tem filhos, embora não se use exatamente a expressão "filho(s) de Deus". Excluirei, todavia, os casos em que "filho de Deus" tem uma acepção claramente cristológica,[14] reservando tais passagens para os dois capítulos a seguir. O objetivo imediato é trazer à nossa lembrança que, na Bíblia, "filho(s) de Deus" pode se referir a uma ampla variedade de seres — fato este que podemos deixar passar despercebido,

---

[14]Estou empregando o termo "cristológico" em sentido bem amplo, que inclui referências àquele que vem para ser chamado Jesus. Esse modo desajeitado de me expressar resulta do fato de que a terminologia é meio capciosa. Por exemplo, se eu tivesse dito, de modo mais simples, "que inclui referências a Jesus", em vez de "inclui referências àquele que vem para ser chamado Jesus", eu estaria excluindo passagens do Antigo Testamento que se referem a Aquele que Vem, pelo simples fato de ele ainda não ser chamado Jesus. Repito que "cristológico" soa estranho porque, em seu nível básico, o termo não passa de uma tradução do hebraico "messiânico" para o grego. Mas, conforme veremos, há diversas passagens em que "filho de Deus" está vinculado ao Messias davídico prometido (por isso, é uma acepção messiânica de "filho de Deus"), e outras em que "filho de Deus" está ligado a uma figura que vem e não está, naquele contexto, ligada ao Messias davídico (por isso, é uma acepção não messiânica de "filho de Deus"). Mesmo assim, classificaremos os dois tipos de acepção como cristológicos, desde que "filho de Deus" esteja se referindo a Aquele que Vem (independentemente de como ele seja entendido na passagem), seja antes de sua vinda como o homem Jesus, seja com ele já aqui presente.

pois "filho de Deus", para muitos de nós, está profunda e quase exclusivamente vinculado à segunda pessoa da Trindade. Os bons dicionários bíblicos e teológicos incluem introduções técnicas que explicam essa diversidade.[15] Aqui pretendo oferecer apenas um panorama da variedade de casos.

A maior parte dos casos nesta seção se refere a seres humanos, mas alguns têm claramente a ver com anjos. "Certo dia os anjos [hebr., "os filhos de Deus"] vieram apresentar-se ao Senhor, e Satanás também veio com eles" (Jó 1.6, NVI [nota]; veja também as notas em 2.1 e 38.7). "Filhos de Deus" encontra-se no original de Salmos 29.1 e 89.6. A A21 traduz o hebraico por "seres angelicais" e não por "filhos de Deus". Supõe-se que os anjos que não caíram refletem o caráter de Deus de muitas formas. Em várias passagens, eles assumem papéis de revelação e cumprem os propósitos de Deus. O comentário redigido com cuidado em Jó 1.6 — que Satanás também veio com eles — dá a entender tanto proximidade quanto distância: não é demais deduzir que ele deve ter sido um desses anjos, mas nesse ponto ele precisa ser mencionado em separado, pois seus propósitos são maus. Mas, por ora, vamos deixar de lado outras menções a anjos.

---

[15]Veja, entre outros, Jarl Fossum, "Son of God", in: David Freedman, org., *The Anchor Bible dictionary* (New York: Doubleday, 1992), vol. 6, p. 128-37; J. W. Drane, "Son of God", in: Ralph P. Martin; Peter H. Davids, orgs., *Dictionary of the New Testament and its developments* (Downers Grove: IVP, 1997), p. 1111-5; D. R. Bauer, "Son of God", in: Joel Green; Scot McKnight, orgs., *Dictionary of Jesus and the Gospels* (Downers Grove: IVP, 1992), p. 769-75; L. W. Hurtado, "Son of God", in: Gerald F. Hawthorne; Ralph P. Martin; Daniel G. Reid, orgs., *Dictionary of Paul and his letters* (Downers Grove: IVP, 1993, p. 900-6 [edição em português: *Dicionário de Paulo e suas cartas* (São Paulo: Vida Nova/Paulus/Loyola, 2008)].

Então, de que maneiras "filho(s) de Deus" refere-se a seres humanos, exceto Jesus?

(1) Em Lucas 3, a genealogia de Jesus retrocede até chegar a "Adão, filho de Deus" (3.38, NVI). É visível que ele não é filho de Deus exatamente no mesmo sentido em que cada pessoa na genealogia é filha de outra. Por certo, Adão é filho de Deus no sentido de que Deus o gerou e o fez à sua imagem e semelhança; ele o criou para refletir a glória divina — na realidade, para ser como ele em todas as formas apropriadas para os seres humanos, homens e mulheres, imitarem a Deus.[16] Na verdade, esse sentido que alia origem de Deus e responsabilidade para com ele se aplica a toda a descendência de Adão, embora Deus o tenha criado de modo ímpar. Afinal de contas, Deus fez Adão diretamente, sem mediação humana, diferentemente do modo em que todos os outros seres humanos passaram a existir depois dele. O papel de Adão, sob diversos aspectos, é único. É por isso que o apóstolo Paulo, dirigindo-se aos filósofos atenienses, toma o cuidado de usar as palavras de Arato para explicar seu pensamento: nós, seres humanos, *somos geração de Deus* (At 17.28) — numa alusão às origens que os atenienses teriam considerado ofensiva, pois julgavam ter raízes superiores a todos os outros povos.

(2) Já em Êxodo 4.22,23, a expressão singular "filho de Deus" refere-se a Israel de forma coletiva. Moisés diz ao faraó: "Então dirás ao faraó: Assim diz o Senhor: Israel é meu

---

[16]Apesar de breve, um excelente estudo da importância de sermos feitos "à imagem de Deus" pode ser encontrado em C. John Collins, *Did Adam and Eve really exist? Why they were and why you should care* (Wheaton: Crossway, 2011), p. 93-104.

filho, meu primogênito; e eu te disse: Deixa meu filho ir, para que me culte. Mas recusaste deixá-lo ir. Por isso, matarei o teu filho primogênito". Poderíamos perfeitamente ponderar sobre o relacionamento analógico entre o filho primogênito de Deus e o filho primogênito do faraó nessa passagem, mas por ora devemos nos ater à nossa análise. A mesma visão coletiva de Israel como filho de Deus se encontra em Salmos 80.15 ("do filho que para ti fizeste crescer", NVI), e Oseias 11.1 ("do Egito chamei o meu filho"), ainda que posteriormente Mateus aplique o mesmo texto a Jesus (Mt 2.15). Essa visão de Israel como filho de Deus está por trás da advertência que Moisés faz a Israel: "... vocês se esqueceram do Deus que os fez nascer" (Dt 32.18, NVI). Deus é citado como quem diz: "... sou pai para Israel, e Efraim é o meu primogênito" (Jr 31.9), demonstrando assim que a expressão "primogênito" pode ser usada coletivamente em referência às tribos do norte precisamente porque, por pior que tenha sido a queda por elas sofrida, essas tribos fazem parte do povo da aliança de Deus.

(3) A expressão "filho(s) de Deus" pode referir-se ao povo da aliança de Deus, de modo individual ou plural (em vez de coletivamente), tanto sob as condições da velha aliança quanto sob as da nova. Moisés diz aos israelitas: "Sois filhos do S<small>ENHOR</small>, vosso Deus..." (Dt 14.1; veja também Is 43.6; 45.11; 63.8; Jr 3.19). De maneira semelhante, Paulo diz aos crentes da Galácia: "Pois todos sois filhos de Deus pela fé em Cristo Jesus" (Gl 3.26; veja também Rm 8.14; Fp 2.15; 1Jo 3.1). Sob a antiga aliança, Deus é às vezes chamado de Pai (celestial; e.g., Ml 2.10); sob a nova aliança, os crentes aprendem a dirigir-se a Deus como "Pai nosso".

(4) Talvez como subproduto dessa acepção ou, melhor ainda, como exemplo específico dela, a linguagem da filiação pode ser aplicada aos seguidores de Jesus quando, de uma forma ou outra, eles imitam a Deus, seu Pai celestial. Na versão das bem-aventuranças em Mateus, Jesus declara: "Bem-aventurados os pacificadores, pois serão chamados [lit.] filhos de Deus" (Mt 5.9). Essas palavras não estão nos dizendo como podemos nos tornar discípulos de Jesus. Antes, elas pressupõem que Deus é o supremo Pacificador, de modo que aqueles que promovem a paz revelam ser, pelo menos nesse sentido, membros de um, digamos, clã pacificador de Deus: eles são filhos de Deus. Vemos um pensamento semelhante em Mateus 5.44,45, em que a disposição divina de derramar bênçãos sobre seus inimigos é apresentada como modelo a ser imitado. Outro subconjunto de pessoas de fé se encontra em Salmos 82.6, em que parece que os líderes de Israel são chamados "filhos do Altíssimo" (embora seja possível que tenhamos ali uma referência a todos os israelitas). Assim também, em Lucas 6.35,36, Jesus diz: "Pelo contrário, amai vossos inimigos, fazei o bem e emprestai, sem esperar nada em troca; e a vossa recompensa será grande, e sereis [lit.] filhos do Altíssimo; porque ele é bondoso até para com os ingratos e maus. Sede misericordiosos, como o vosso Pai é misericordioso". Mais uma vez o que se pressupõe é o papel dos filhos como imitadores, juntamente com a função do Pai, que estabelece a identidade e o modelo correlatos.

(5) Mais especificamente, o rei davídico é denominado "filho de Deus". Entre as muitas passagens que empregam "filho de Deus" nesse sentido, a principal é 2Samuel 7.14. Davi expressa seu desejo de edificar uma "casa" para Deus, mas

Deus afirma que acontecerá o contrário: embora Davi queira edificar uma "casa" (= templo) para Deus, é Deus quem pretende edificar uma "casa" (= dinastia) para Davi. Fica evidente que o argumento se constrói em parte com um jogo de palavras. Todavia, o filho de Davi *edificará* um templo (2Sm 7.13), e Deus estabelecerá o trono de seu reino para sempre. "Eu serei seu pai, e ele será meu filho" (7.14a). Nesse contexto, quem está em vista não é Jesus, mas Salomão, pois Deus acrescenta: "Caso venha a cometer alguma transgressão, eu o castigarei com castigos humanos e com açoites de homens..." (7.14b).

Posteriormente, examinarei a ligação dessa passagem com Jesus. Por ora, o que deve ser compreendido é a natureza da filiação. Deus é o Rei supremo. Quando um rei da dinastia de Davi assume o trono, ele o faz sob a égide da realeza divina. O reino do monarca davídico deve refletir o reino de Deus, incluindo sua paixão por justiça, seu compromisso com a aliança, seu ódio da idolatria e sua preocupação pelos oprimidos. Como já observamos, o pacificador pode ser chamado filho de Deus porque assume a identidade do supremo Pacificador, o próprio Deus. Da mesma forma, o monarca davídico é chamado filho de Deus porque assume a identidade do supremo Monarca, o próprio Deus. No salmo 2 encontramos uma terminologia semelhante. Deus declara: "Eu mesmo constituí o meu rei em Sião, meu santo monte" (2.6) — e quando o rei davídico olha para isso, sua própria nomeação, ele proclama o decreto do Senhor com as seguintes palavras: "... ele me disse: Tu és meu filho, hoje te gerei" (2.7). É aí que Deus o "gera"; é nesse ponto que o rei da dinastia de Davi se torna filho de Deus no sentido monárquico. A visão que Etã, o ezraíta, tem da escolha de

Davi como rei é igualmente formulada numa linguagem que revela que Deus é seu Pai (Sl 89.19-29). É claro que, assim como Satanás foi incluído entre os "filhos de Deus" que são anjos, embora não vivesse à altura de seu chamado, a linguagem do "filho" também pode ser aplicada aos monarcas davídicos que eram ímpios. Em Ezequiel 21.10, por exemplo, Deus refere-se ao rei davídico corrupto que logo será destruído como seu filho real.

(6) Como uma espécie de extensão da quarta opção, a linguagem da filiação pode ser aplicada aos crentes de uma perspectiva escatológica — ou seja, para retratar como, na consumação, os filhos de Deus imitam o Pai celestial com a perfeição com que seres finitos podem imitar a Deus, sem nenhum resíduo de pecado ou decadência. A voz que vem do trono retrata o fim das lágrimas, da morte, da decadência, e declara: "Está cumprido. Eu sou o Alfa e o Ômega, o princípio e o fim. A quem tiver sede, darei de beber de graça da fonte da água da vida. Aquele que vencer herdará essas coisas; e eu serei seu Deus, *e ele será meu filho*. Mas, quanto aos covardes, incrédulos, abomináveis, homicidas, adúlteros, feiticeiros, idólatras e todos os mentirosos, a sua parte será no lago ardente de fogo e enxofre, que é a segunda morte" (Ap 21.6-8). O contraste entre o que o filho de Deus experimenta e como todo o restante se comporta estabelece a perfeição dessa condição de filho. O uso da filiação em referência à nossa existência ressurreta consumada vem à tona também em Paulo (Rm 8.23: "... aguardando ansiosamente nossa adoção, a redenção do nosso corpo").

(7) Os principais autores do Novo Testamento encontram formas de distinguir entre a filiação de Jesus e a filiação dos

crentes. No evangelho de João, somente Jesus é chamado ὁ υἱός ("o filho") de Deus; os crentes são tratados, de modo característico, como τὰ τέκνα ou τά παιδία ("os filhos") de Deus (e.g., Jo 1.12). Em Paulo, embora υἱός possa ser usado para se referir tanto a Jesus quanto ao crente, apenas os crentes são eventualmente descritos como filhos *de adoção* (Rm 8.15,23; 9.4; Gl 4.5; Ef 1.4,5). A filiação por adoção pode ser uma referência ao ato de Deus escolher Israel como seu povo da aliança (Rm 9.4), à realidade de que os verdadeiros crentes, sob as condições da nova aliança, são filhos de Deus (no quarto sentido apresentado anteriormente; Rm 8.15; Gl 4.5; Ef 1.4,5) e à filiação consumada que desfrutaremos na existência ressurreta (de acordo com a sexta acepção; Rm 8.23).

O USO DE "FILHO DE DEUS" EM REFERÊNCIA A JESUS

Nessa última parte, vamos analisar como o título "Filho de Deus" é aplicado a Jesus. Sem dúvida, há outras análises possíveis. Meu objetivo aqui é simplesmente detectar acepções distintamente cristológicas. No próximo capítulo, procurarei explicar um pouco da teologia pertinente a esses usos específicos.

(1) Essa primeira categoria é a mais inclusiva.[17] Nela se encontram muitas referências em que se afirma ou se pressupõe que Jesus é o Filho de Deus. Não incluí a maioria das passagens em que "Filho de Deus" está claramente associado a um ou mais de vários temas importantes — o Messias davídico, por exemplo — que serão tratados mais adiante.

---

[17]Para simplificar, não incluirei passagens em que Jesus é mencionado como ὁ παῖς, que algumas versões mais antigas traduzem por "filho", em vez de "servo" (Mt 12.18; Lc 2.43 ["menino", A21]; At 3.13,26; 4.27,30).

A abrangência é enorme. Os textos seguintes fazem parte de uma lista parcial. O anjo diz a Maria: "O Espírito Santo virá sobre ti, e o poder do Altíssimo te cobrirá com a sua sombra; por isso aquele que nascerá será santo e será chamado Filho de Deus" (Lc 1.35). Quando os discípulos presenciam o poder de Jesus em acalmar a tempestade, depois de ele haver caminhado sobre a água, eles exclamam: "... Verdadeiramente tu és o Filho de Deus" (Mt 14.33). A voz de Deus é ouvida na transfiguração, excluindo Moisés e Elias e confirmando Jesus: "... Este é o meu Filho amado, em quem me agrado; a ele ouvi" (Mt 17.5; veja Mc 9.7; Lc 9.35). O Pai determina que "todos honrem o Filho, assim como honram o Pai" (Jo 5.23), e o Pai é glorificado no Filho (Jo 14.13). "Quem crê no Filho tem a vida eterna; quem, porém, mantém-se em desobediência ao Filho não verá a vida, mas sobre ele permanece a ira de Deus" (Jo 3.36). Depois da ressurreição tornou-se comum proclamar que Jesus é o Filho de Deus (At 9.20). Depois da ascensão de Jesus, às vezes os crentes se referem a ele simplesmente como o Filho de Deus (e.g., "... Assim diz o Filho de Deus, que tem os olhos como uma chama de fogo...", Ap 2.18), mesmo enquanto esperam "do céu seu Filho, a quem ele ressuscitou dentre os mortos" (1Ts 1.10). Paulo prega o evangelho do Filho de Deus (Rm 1.9); os pecadores são reconciliados com Deus pela morte do Filho de Deus (Rm 5.10). Os que conheceu por antecipação, Deus também os predestinou para serem conformes à imagem de seu Filho (Rm 8.29) — ele não poupou o próprio Filho, uma dádiva que nos dá a dimensão definitiva da graciosa magnanimidade de Deus (Rm 8.32). Na verdade, a dimensão da fidelidade de Deus é vista no fato de ele ter chamado seu povo "para a comunhão de seu Filho Jesus Cristo, nosso Senhor" (1Co 1.9). Ele enviou seu Filho "a fim de que recebêssemos a adoção de filhos", e depois enviou ao nosso coração o Espírito de seu Filho — Espírito que clama "Aba, Pai" (Gl 4.4-6). Por tudo isso, ele "nos tirou do domínio das trevas e nos transportou para o reino do seu Filho amado, em quem temos a redenção, isto é, o perdão dos pecados" (Cl 1.13,14). "... a nossa comunhão é com o Pai e com seu Filho Jesus Cristo" (1Jo 1.3). Nessa comunhão também "temos comunhão uns com os outros, e o sangue de Jesus, seu Filho [de Deus], nos purifica de todo pecado" (1Jo 1.7). O Filho é o auge de toda a revelação anterior (Hb 1.2). "... Deus nos deu a vida eterna, e essa vida está em seu Filho" (1Jo 5.11). Em algumas passagens notáveis, a filiação de Jesus está associada a seu chamado como grande sumo sacerdote (Hb 4.14; 7.28).[18]

(2) Minha segunda categoria de usos cristológicos enquadra as passagens em que "Filho" ou "Filho de Deus" têm vínculo com o papel de Jesus como rei davídico prometido. O texto que serve de fundamento é 2Samuel 7.13,14, embora, como já vimos, quando Deus diz "para sempre estabelecerei o trono do seu reino. Eu serei seu pai, e ele será meu filho", a pessoa inicialmente em vista seja Salomão. Quando Salomão age mal, Deus o pune com julgamentos temporais. E acrescenta: "... mas não retirarei dele o meu amor fiel, como

---

[18]Beale, *A New Testament biblical theology*, esp. p. 400-9, tem uma tendência maior que a minha de detectar vínculos mais frequentes entre essas várias passagens que falam de Filho de Deus e as que tratam de Adão como filho primordial de Deus. Ele sempre faz o leitor refletir e pode estar certo no que diz.

fiz com Saul, a quem tirei da tua frente" (7.15). Uma dinastia estabelecida por Saul nem sequer é mencionada. Sua linhagem sobre o trono durou apenas enquanto ele viveu. Davi sabia perfeitamente que ele ou seus herdeiros praticariam atos de profunda maldade e idolatria, os quais poderiam desqualificá-los para reinar sobre aqueles que, de fato, eram o povo *de Deus* sob o reinado *de Deus*; não fosse a intervenção divina, a linhagem de Davi terminaria como a de Saul. Mas Deus declara solenemente que a graça haverá de triunfar: os reis da linhagem de Davi passariam por juízos apenas temporais e, portanto, a dinastia seria preservada. Então lemos a palavra final do oráculo: "Mas a tua casa e o teu reino serão firmados para sempre diante de ti; teu trono será estabelecido para sempre" (2Sm 7.16). Embora o texto não apresente as opções, isso certamente significa que, se a promessa não é uma questão de retórica vazia, ou a dinastia davídica será perpetuada por uma sucessão interminável de reis, ou ela será perpetuada quando alguém da linhagem de Davi finalmente surgir para reinar para sempre.

Uma série de promessas do Antigo Testamento expande e especifica mais essa previsão davídica. Mencionarei apenas duas. A promessa de Deus a Davi foi feita por volta de 1000 a.C. No século oitavo a.C., com palavras que até hoje recitamos a cada Natal, o profeta Isaías anunciou: "Porque um menino nos nasceu, um filho nos foi concedido. O governo está sobre os seus ombros..." (Is 9.6). Mas esse rei da linhagem davídica não é um rei qualquer: "O seu domínio aumentará, e haverá paz sem fim sobre o trono de Davi e sobre o seu reino, para estabelecê-lo e firmá-lo em retidão e em justiça, desde agora e para sempre. O zelo do Senhor dos Exércitos fará isso" (9.7). Ademais, "o seu nome será: Maravilhoso Conselheiro, Deus Forte, Pai Eterno, Príncipe da Paz" (9.6). Por volta do início do século sexto a.C., a palavra do Senhor vem por meio do profeta Ezequiel, que declara que o próprio Senhor será pastor de seu povo. A ideia se repete aproximadamente 25 vezes com grande efeito retórico ("... Livrarei as minhas ovelhas [...] eu mesmo, procurarei as minhas ovelhas [...] eu as tirarei dentre os povos [...] cuidarei delas sobre os montes de Israel [...] Cuidarei delas [...] Eu mesmo cuidarei das minhas ovelhas e as farei repousar" [Ez 34.10-15]). Mas o oráculo termina com o Senhor declarando: "E sobre elas levantarei um só pastor, o meu servo Davi, que cuidará delas e lhes servirá de pastor. E eu, o SENHOR, serei o seu Deus, e o meu servo Davi será príncipe no meio delas; eu, o SENHOR, disse isso" (34.23,24). A visitação do Senhor e a vinda de seu servo Davi ficam bem mescladas uma com a outra. Outros textos do Antigo Testamento desenvolvem mais esses temas (e.g., Sl 2; 89.27).

Assim, o rei davídico, algumas vezes identificado como o "ungido" de Deus (Sl 2.2) ou como o "Messias" e, por isso, como "Cristo" no grego (título sobre o qual falarei mais no capítulo 2), é o Filho de Deus, e ele deve governar como Deus governa, imitando a Deus em todos os aspectos — na verdade, em algumas passagens como Isaías 9.6, ele é identificado com Deus. Antes de Jesus nascer, Maria fica sabendo por meio do anjo Gabriel: "Ele será grande e se chamará Filho do Altíssimo; o Senhor Deus lhe dará o trono de Davi, seu pai; ele reinará eternamente sobre a descendência de Jacó, e seu reino não terá fim" (Lc 1.32,33). Na primeira vez em que se encontra com Jesus, Natanael declara: "Rabi, tu és o Filho de Deus, tu és o rei de Israel" (Jo 1.49), novamente vinculando a filiação com a realeza davídica.[19] E João informa o propósito de seu evangelho: "... para que possais crer que Jesus é o Cristo, o Filho de Deus, e para que, crendo, tenhais vida em seu nome" (Jo 20.31).[20] A famosa confissão de Pedro em Cesareia de Filipe (na versão de Mateus) diz: "... Tu és o Cristo, o Filho do Deus vivo" (Mt 16.16). Paulo inicia a mais longa de suas cartas apresentando "o evangelho de Deus, que ele antes havia prometido pelos seus profetas nas santas Escrituras, acerca de seu Filho, que, humanamente, nasceu da descendência de Davi, e com poder foi declarado Filho de Deus segundo o Espírito de santidade, pela ressurreição dentre os mortos, Jesus Cristo, nosso Senhor" (Rm 1.1-4). Há ocasiões em que a filiação de Jesus é especificamente associada a seu reino, a seu reinado: por exemplo, Deus "nos tirou do domínio das trevas e nos transportou para o reino do seu Filho amado" (Cl 1.13). Em outras ocasiões, a filiação de Jesus é associada a seu título Messias ou Cristo: ele é o Rei ungido. Assim, na primeira carta de João, as duas confissões da verdade, cada uma apresentada duas vezes, são: (1) o Messias é Jesus (1Jo 2.22; 5.1), cuja negação é o mesmo que

---

[19] Mesmo quando o título "Filho de Deus" não é empregado, diversas passagens deixam claro que o reino de Deus ou o reino do céu que Jesus prega (Mt 4.17) também são *seu* reino. Por exemplo, na explicação da Parábola do Joio, ficamos sabendo que o "Filho do homem enviará seus anjos, e eles ajuntarão do *seu* reino tudo que serve de tropeço, e os que praticam o mal" (Mt 13.41), ao passo que "os justos resplandecerão como o sol *no reino de seu Pai*" (13.43). Cf. Mt 25.31,34,40.

[20] Em outro lugar já argumentei exaustivamente que esse versículo é mais bem traduzido por "para que creiais que o Messias, o Filho de Deus, é Jesus" — fazendo assim uma identificação mais enfática que indica que a categoria *conhecida* é o Messias, o Filho de Deus. Cf. D. A. Carson, "The purpose of the Fourth Gospel: John 20:31 reconsidered", *Journal of Biblical Literature* 108 (1987): 639-51; Carson, "Syntactical and text-critical observations on John 20:30-31: one more round on the purpose of the Fourth Gospel", *Journal of Biblical Literature* 124 (2005): 693-714.

negar o Pai e o Filho (1Jo 2.22,23); (2) o Filho de Deus é Jesus (1Jo 4.15; 5.5). Nenhum leitor deve se esquecer de que a primeira linha do Novo Testamento anuncia a "genealogia de Jesus Cristo [o Messias], filho de Davi" (Mt 1.1), a qual, levada em conta a trajetória a partir de 2Samuel 7.14, o coloca na posição de Filho de Deus.

(3) Em alguns usos cristológicos de "Filho de Deus", há mais um sentido implícito. No batismo de Jesus, a voz que vem do céu diz: "... Este é o meu Filho amado, de quem me agrado" (Mt 3.17). Muitos comentaristas observam corretamente que a primeira parte da citação evoca o salmo 2, em que o rei messiânico é Filho de Deus; a segunda parte nos faz lembrar de Isaías 52.13—53.12, que retrata o Servo sofredor. Mas, na sequência da narrativa em Mateus, Jesus é imediatamente levado pelo Espírito ao deserto para ser tentado (Mt 4.1-11). Como parte da tentação, Satanás provoca Jesus duas vezes com as palavras "Se tu és *Filho de Deus*" (Mt 4.3,6), palavras estas que evocam o que Deus disse no batismo de Jesus e pressupõem seu chamado real e messiânico. Mas Jesus defende-se nas três tentações com palavras do Antigo Testamento que claramente se referem a Israel como um todo (Dt 8.3; Sl 91.11,12; Dt 6.13), não ao rei de Israel. E, como já observamos, no Antigo Testamento a linguagem da filiação é algumas vezes aplicada coletivamente a Israel, ou aos israelitas de modo individual ou plural. Em outras palavras, Satanás tenta Jesus como o Filho de Deus, o Rei de Israel, mas Jesus se defende como qualquer israelita poderia se defender, ou como Israel como um todo também poderia, sem de fato usar a palavra "filho" nesse sentido. Isso combina com um tema bem conhecido em Mateus: esse evangelho gosta de apresentar Jesus, em certo sentido, como o Israel

definitivo, o verdadeiro Israel. Jesus também traz à lembrança um pouco da experiência de Israel quando ele também é chamado do Egito, e as palavras "Do Egito chamei o meu Filho" são aplicadas a ele (Os 11.1; Mt 2.15).[21]

(4) No entanto, talvez as passagens mais impressionantes de filiação cristológica sejam as que conferem divindade de forma inequívoca ao Filho ou falam, com vários graus de clareza, de sua preexistência. Com certeza alguns textos que já estudamos pendem nessa direção — por exemplo, quando o Pai determina que todos devem honrar o Filho assim como honram o Pai (Jo 5.23). Mas ainda precisamos examinar algumas outras passagens. O autor de Hebreus declara que, no passado, Deus falou aos pais pelos profetas, mas nos últimos dias ele nos deu a revelação do Filho — o Filho "a quem designou herdeiro de todas as coisas e por meio de quem também fez o universo. Ele é o resplendor da sua glória e a representação exata do seu Ser, sustentando todas as coisas pela palavra do seu poder" (Hb 1.2,3). O Verbo que estava com Deus no princípio (e, por isso, era par do próprio Deus) e era Deus (e, por isso, a própria pessoa de Deus) "se fez carne e habitou entre nós, pleno de graça e de verdade; e vimos a sua glória, como a glória do unigênito do Pai" (Jo 1.1,14). Não se trata de o Verbo eterno ter *se tornado* Filho por meio da encarnação, de modo que devamos falar de Pai, Filho e

---

[21] A respeito dessa citação, veja o importante ensaio de G. K. Beale, "The use of Hosea 11:1 in Matthew 2:15: one more time", no prelo [edição em português: "O uso de Oseias 11.1 em Mateus 2.15", in: IDEM, *O uso do Antigo Testamento no Novo Testamento e suas implicações hermenêuticas* (São Paulo: Vida Nova, 2014)]. Agradeço ao dr. Beale por ter me dado acesso a uma versão provisória do texto. Cf. D. A. Carson, "Matthew", in: *Matthew-Mark*, 2. ed. (Grand Rapids: Zondervan, 2010), Expositor's Bible Commentary 9, p. 118-20.

Espírito Santo somente *depois* da encarnação, e *antes* da encarnação se deva falar de Pai, Verbo e Espírito. Não, pois como já vimos em Hebreus, foi por meio do *Filho* que Deus fez o universo. Em João 3.17, lemos: "... Deus enviou o *seu* Filho ao mundo, não para que julgasse o mundo, mas para que o mundo fosse salvo por meio dele". Estaríamos fantasiando se viéssemos a supor como sentido disso que Deus enviou ao mundo alguém que se tornou Filho depois de aqui chegar. "Ele é a imagem do Deus invisível, o primogênito sobre toda a criação; [...] Ele existe antes de todas as coisas, e nele tudo subsiste [...] Porque foi da vontade de Deus que nele habitasse toda a [sua] plenitude"; na realidade, "tudo foi criado por ele e para ele" (Cl 1.15-19), de modo que ele não é apenas o agente de Deus na Criação, mas é dela seu senhor e objetivo. Nessas e em outras numerosas passagens (e.g., Mt 11.27; Lc 10.22; Jo 14.9; 17.1-8; 1Jo 5.20), Jesus não é o Filho de Deus em virtude de ser o Israel definitivo, nem em virtude de ser o Messias, o rei davídico definitivo, nem é o Filho de Deus porque era um ser humano perfeito. Antes, ele é o Filho de Deus desde a eternidade, distinto de seu Pai celestial, mas ao mesmo tempo um com ele, o perfeito Revelador do Deus vivo.

É hora de concluir. Os dados bíblicos que dizem respeito ao Filho de Deus, sem contar as diversas metáforas com filho, são extremamente ricos. Não registrei todos eles, embora tenha tentado resumir todos os *tipos* de dados. Também não mencionei algumas passagens nas quais a ambiguidade de sentido de "Filho de Deus" pode ter sido intencional por parte do autor humano, a exemplo de Marcos 15.39 (= Mt 27.54), em que o centurião testemunha a morte de Jesus e exclama: "... É verdade, este homem era o Filho de Deus!". Mas estamos prontos para examinar mais um pequeno número de passagens e temas.

Capítulo Dois

"FILHO DE DEUS" EM PASSAGENS SELECIONADAS

Se estivéssemos fazendo um estudo profundo de "Filho de Deus" como título cristológico, o próximo passo seria fazer um estudo exegético detalhado de todas as suas ocorrências, livro por livro e autor por autor, ou pelo menos estudar os textos que representassem bem todas as ocorrências. Em vez disso, neste capítulo dirigirei minha atenção principalmente a duas passagens mais longas: Hebreus 1 e João 5.16-30. O objetivo em ambos os casos é entender o que os autores do Novo Testamento queriam dizer quando declaravam que Jesus era o Filho de Deus, pelo menos nessas passagens, e como chegaram a essa decisão ao ler seus textos prediletos do Antigo Testamento. Escolhi essas duas passagens porque, entre os textos bíblicos que tratam desse título, elas me parecem estar entre as mais ricas e eloquentes. Em nenhuma delas, porém, farei uma leitura de cada frase de todo o conjunto. Isso deixaria o capítulo longo demais. Antes, escolherei os melhores detalhes de cada passagem para estudar alguns mais a fundo, deixando outros de lado e simplesmente descartando sugestões indiretas. Ficarei, porém, livre para recorrer a textos e temas bíblicos fora das duas passagens principais que selecionei, sempre que isso nos ajudar a perceber o alcance do testemunho bíblico e a nos dirigir para uma síntese teológica na qual o todo seja ainda mais convincente do que as partes.

HEBREUS 1

Uma providência que se revelará útil é desenvolver o argumento sob a forma de seis perguntas com as respectivas respostas.

Por que o Filho é superior aos anjos?
É esta a afirmação encontrada em Hebreus 1.4: o Filho tornou-se "superior aos anjos, a ponto de herdar um nome mais excelente do que eles". Essa alegação é justificada nos versículos seguintes. O versículo 5 representa o primeiro passo nessa direção: "Pois a qual dos anjos disse alguma vez: Tu és meu Filho, hoje te gerei? E outra vez: Eu lhe serei Pai, e ele me será Filho?".

A superioridade alegada não se explica simplesmente pela palavra "Filho", como se o texto estivesse dizendo: "Jesus é chamado Filho, mas os anjos não são assim descritos nas Escrituras; portanto, isso prova que Jesus é superior". Qualquer pessoa versada nas Escrituras como o autor de Hebreus não pode desconhecer o fato de que, às vezes, a Bíblia se refere, *sim*, aos anjos como filhos de Deus, conforme vimos no capítulo 1. A comparação deve se justificar com algo mais do que a mera palavra "Filho". Essa observação nos leva a tentar determinar por que o autor pensa que os dois textos do Antigo Testamento por ele citados, Salmos 2.7

e 2Samuel 7.14, provam a superioridade do Filho em relação aos anjos, se os anjos não são mencionados nos dois textos.

A dificuldade aumenta quando lembramos que a primeira citação, Salmos 2.7, aparece três vezes no Novo Testamento, cada vez provando algo diferente. Aqui ela é usada para provar que Jesus é superior aos anjos. Em Hebreus 5.5, o autor recorre ao mesmo versículo para provar que Jesus não tomou sobre si a glória de se tornar sumo sacerdote. Afinal de contas, quando Arão se tornou sumo sacerdote sob as condições da antiga aliança, ele não tomou sobre si essa honra, mas foi nomeado por Deus (5.4), de modo que, sob as condições da nova aliança, Jesus se torna sumo sacerdote, mas também teve de ser nomeado por Deus. Essa nomeação, insiste o autor de Hebreus, é provada pela citação de Salmos 2.7: "Tu és meu filho, hoje te gerei". A terceira e última ocorrência da citação se encontra em Atos 13, em que Paulo faz um discurso evangelístico na sinagoga, em Antioquia da Pisídia. Paulo a introduz com as seguintes palavras: "E nós vos anunciamos as boas-novas da promessa feita aos pais, a qual Deus cumpriu para nós, filhos deles, ressuscitando Jesus, como também está escrito no segundo salmo: Tu és meu Filho, hoje te gerei" (At 13.32,33).

Em suma, os textos do Novo Testamento citam Salmos 2.7 para provar que Jesus é superior aos anjos, para provar que Jesus não tomou sobre si a glória de se tornar sumo sacerdote, mas foi nomeado por Deus, e para demonstrar que Deus cumpriu suas promessas aos antepassados dos israelitas ressuscitando Jesus, embora, a rigor, o salmo 2 não mencione anjos, não tenha nenhum enfoque no ofício do sumo sacerdote nem faça menção alguma da ressurreição do Messias.

Somos então levados à segunda pergunta.

Qual é a importância de Salmos 2.7 e 2Samuel 7.14?
Começamos por nos lembrar do que já dissemos sobre 2Samuel 7.14. Vimos que ali Deus promete edificar uma "casa" para Davi, ou seja, uma linhagem, uma dinastia. Sempre que um novo descendente da linhagem de Davi assumia o trono, naquele momento ele se tornava "filho" de Deus, ou seja, Deus o "gerava" colocando-o nessa função, e o rei se comprometia a reinar como Deus reina, e debaixo dele, com justiça, integridade e fidelidade à aliança. Mas suponha que um dos descendentes de Davi se transforme em alguém realmente mau. Deus não destruirá a linhagem de Davi, a exemplo do que fez com o rei Saul, o primeiro monarca do período do reino unido? Não, ele não a destruirá. Para cumprir sua promessa de dar a Davi uma dinastia perpétua, Deus promete não lhe aplicar, nem a seus descendentes, punições que não sejam temporais. A promessa de uma dinastia eterna é irrestrita: "Mas a tua casa e o teu reino serão firmados para sempre diante de ti; teu trono será estabelecido para sempre" (2Sm 7.16).

Esse é o contexto do salmo 2. É possível, numa primeira instância, ler suas palavras dentro do contexto histórico dos reis davídicos na primeira metade do primeiro milênio a.C. As pequenas nações vizinhas, sobre as quais o trono de Davi dominou durante os reinados de Davi e Salomão, podiam perfeitamente conspirar contra o soberano davídico. "Os reis da terra", conforme são chamados (2.2), podem ser vistos como "reis da região": o hebraico pode ser traduzido assim. Mas qualquer rebelião contra, digamos, o rei Davi, é também uma rebelião contra o Senhor, que está por trás de Davi — e quem poderá se opor a ele? "Do seu trono nos céus o Senhor põe-se a rir e caçoa deles" (2.4, NVI). Observe que o Senhor está em seu *trono*: dele é o trono supremo por trás do trono davídico, e ele é o Rei por trás do rei. Foi ele quem nomeou Davi; foi ele quem ungiu Davi. A rebelião é "contra o Senhor e seu ungido" (2.2) — ou seja, contra yhwh e seu Messias,[1] o rei davídico. Poderíamos dizer que o Senhor é o rei-pai, ao passo que Davi é o rei-filho. Em sua ira, o Senhor brada: "Eu mesmo constituí o meu rei em Sião, meu santo monte" (2.6).

A essa altura, o rei davídico fala: "Proclamarei o decreto do Senhor; ele me disse: Tu és meu filho, hoje te gerei" (Sl 2.7), usando assim exatamente as mesmas figuras do filho encontradas em 2Samuel 7.14. Deus continua se dirigindo a seu filho, seu rei davídico nomeado: "Pede-me, e te darei as nações como herança, e as extremidades da terra como propriedade" (2.8). Novamente, o hebraico nos permitiria ler "tribos" em vez de "nações" e "região" em vez de "terra". Assim também, nos versículos 10 e 11: "Agora, ó reis, sede prudentes; juízes da terra, acolhei a advertência. Cultuai o Senhor com temor e regozijai-vos com tremor". Todavia, a

---

[1] É ponto pacífico que "ungido" (geralmente transliteração do hebraico "messias" e do grego "cristo"), no Antigo Testamento, é normalmente aplicado a reis e sacerdotes, uma vez que em ambos os casos a nomeação para o ofício era acompanhada por uma unção literal. Mais raramente, porém, um profeta também podia ser ungido e ser chamado "messias". Em outras palavras, o termo em si não tem nada de *inerentemente* prospectivo — ou, numa linguagem mais provocativa, não há nada no termo "messias" que seja *inerentemente* messiânico. Todavia, essa visão se modifica tão logo se percebem as trajetórias, as tipologias da realeza e do sacerdócio que *de fato* avançam na direção de um auge antevisto. Lido de uma perspectiva canônica, "messias" se torna messiânico exatamente da mesma forma que 2Samuel 7.14 e Salmos 2.7, lidos de uma perspectiva canônica, anteveem o supremo rei davídico.

elevada generosidade da promessa, aliada a leves insinuações como "extremidades da terra" ("extremidades da região" não enfraquece a promessa), aponta para um monarca davídico que supera tanto Davi quanto Salomão, incluindo seus herdeiros e descendentes até o Exílio. A intensidade do relacionamento entre o Senhor e seu filho-rei transparece com beleza quando lemos os versículos 11 e 12 juntos: "Cultuai o Senhor com temor [...] Beijai o filho,[2] para que ele não se irrite, e não sejais destruídos no caminho; porque em breve sua ira se acenderá...". Fazendo o caminho inverso, "... Bem-aventurados todos os que confiam nele" (2.12).

Em resumo, tanto 2Samuel 7.14 quanto Salmos 2.7 retratam o monarca davídico como filho de Deus, cujo ideal é imitar o governo régio de seu pai celestial. Ambas as passagens apontam para um reinado davídico que ofusca qualquer outro reinado no primeiro milênio a.C. As duas são elementos de uma trajetória de passagens prospectivas que atravessam todo o Antigo Testamento — passagens que, como vimos no capítulo 1, a exemplo de Isaías 9, prenunciam um filho/rei da linhagem de Davi cujo governo é eterno, alguém descrito como Deus Forte e Pai Eterno,[3] e

---

[2]Os desafios de interpretação neste versículo, em particular em torno da tradução "filho", não alteram a ideia central. A palavra usada é o aramaico *bar*, e não o hebraico *ben* (ambas significam "filho"), mas a falta do artigo leva alguns a pensar que a palavra deva ser lida como o hebraico *bōr* (as vogais não faziam parte do original), entendida adverbialmente ("beijar com sinceridade" ou "beijar com pureza"). Há outras sugestões de tradução. Elas fazem pouca diferença para nossos objetivos, uma vez que a palavra "filho" já foi usada inequivocamente no decreto (2.7), estabelecendo um vínculo entre essa passagem e 2Samuel 7.14 e associando a nomeação do rei humano, sob o rei celestial, com a geração do filho.
[3]Pericorese oito séculos antes de Cristo?

como Ezequiel 34, em que YHWH pastoreia suas ovelhas, aparentemente na pessoa do rei davídico por ele enviado. Os autores do Antigo Testamento dizem muito mais sobre esse rei davídico prenunciado. Ele estabelece domínio mundial (Sl 18.43-45; 45.17; 72.8-11; 89.25; 110.5,6) caracterizado por moral e justiça (Sl 72.7) e total fidelidade ao Senhor (Sl 72.5). Ele se destaca entre os homens (Sl 45.2,7), é amigo dos pobres e inimigo do opressor (Sl 72.2-4,12-14). É herdeiro da aliança com Davi (Sl 89.28-37; 132.11,12) e do sacerdócio de Melquisedeque (Sl 110.4). Ele pertence ao Senhor (Sl 89.18), a quem é inteiramente fiel (Sl 21.1,7; 63.1-8,11). Como vimos, ele é o filho de YHWH (Sl 2.7; 89.27) e está assentado à sua direita (110.1).

Essa trajetória — ou para usar uma terminologia mais tradicional, essa tipologia davídica — é essencialmente prospectiva. Ela prenuncia aquilo para o que aponta. *Quando Hebreus 1.5 cita Salmos 2.7 em referência a Jesus, é a tipologia davídica que justifica isso*; ou seja, o autor de Hebreus não está lendo Salmos 2.7 isoladamente e fora de contexto, mas como uma passagem dentro da matriz da tipologia davídica que ele ajuda a estabelecer. Ele está pensando em termos dessa trajetória, dessa tipologia, e isso fica claro na imediata associação que ele faz entre Salmos 2.7 e 2Samuel 7.14, além de Salmos 45.6,7 (citado em Hb 1.8,9) e do salmo 110 (citado em Hb 1.13). Em outras palavras, Jesus é superior aos anjos em seu papel como rei davídico há muito prenunciado, como Messias há muito prenunciado e como Filho de Deus também há muito prenunciado. Como filho/rei, Jesus introduz o reino; os anjos não poderiam ter feito isso.

Mas quando o reino tem início?
Num sentido, é claro, o reino de Deus, ou melhor, seu reinado, é universal e inevitável: "... seu reino domina sobre tudo" (Sl 103.19). Levando em conta esse sentido de reino, coextensivo com sua soberania, todos nós estamos nele — cristãos, muçulmanos, hindus e ateus igualmente. Mas, no Antigo Testamento, Deus reina de modo peculiar e redentor sobre os israelitas e, assim, mediante seu monarca nomeado, sobre o reino davídico. Preparado de antemão para a vinda do supremo rei davídico, esse reino, quando raiasse, traria redenção e transformação. Agora que Cristo ressuscitou dos mortos e está assentado à direita do Pai, persistem esses dois sentidos de "reino", universal e redentor. Por um lado, Cristo recebeu toda autoridade sobre o céu e sobre a terra (Mt 28.18). Toda a soberania de Deus é agora mediada por Cristo (1Co 15.24-28). Nesse sentido, o reino de Cristo é inevitável. Por outro lado, o reino de Cristo é normalmente concebido como aquele subconjunto de seu reinado total em que existe vida eterna e transformada. Não podemos ver esse reino nem fazer parte dele sem o novo nascimento (Jo 3.3,5). É um reino que já está atuando sobre este mundo perdido do modo que o fermento atua sobre a farinha (Mt 13.33). É o supremo tesouro que deve ser buscado (Mt 13.44-46). Quando ele estiver consumado, todo joelho se dobrará e toda língua confessará que Jesus é Senhor, para a gloria de Deus Pai (Fp 2.9-11).

Então, levando em conta o sentido redentor e transformador do reino, o sentido da salvação por ele viabilizada, quando o reino tem início?

Alguém poderia dizer que ele raiou com o nascimento do Rei. "Onde está o rei dos judeus recém-nascido?", perguntaram os magos. "Vimos sua estrela no oriente e viemos adorá-lo" (Mt 2.2). Jesus não nasceu simplesmente para herdar o reino; o reino lhe pertencia por direito, era dele pelo nascimento.

Em outro sentido, poderíamos afirmar que o reino de Jesus raiou com o início de seu ministério público. O batismo a que ele se submeteu pelas mãos de João Batista declarou-o o Filho a quem Deus ama (basicamente denotando o rei davídico) e o Servo Sofredor. Logo depois de sua tentação, ele começa a pregar na Galileia, em cumprimento da profecia de Isaías 9, de modo que uma luz raiou na Galileia dos gentios (Mt 4.15,16) — e é nesse contexto que Jesus prega: "... Arrependei-vos, porque o *reino do céu* chegou" (Mt 4.17).

Outros poderiam pensar que o início do reino teve ligação com o envio dos setenta (ou setenta e dois), quando os discípulos de Jesus voltaram se alegrando com o fato de que até os demônios se submetiam a eles em nome de Jesus. E Jesus responde, dizendo que, no ministério dos discípulos, ele viu Satanás cair do céu como um raio (Lc 10.17,18).

Outros podem evocar o modo como Mateus trabalha com o tema de Jesus reinando sobre a cruz (Mt 27.27-51a). A questão não está relacionada somente ao *titulus*, à placa colocada no alto da cruz, que dizia: "ESTE É JESUS, O REI DOS JUDEUS" (27.37), mas também tem a ver com a zombaria dos soldados ("Viva o rei dos judeus!", 27.29) e das autoridades religiosas ("Ele é o Rei de Israel! Se descer agora da cruz, creremos nele", 27.42) e com a forma soberana com que ele entrega o espírito (27.50) — um ato de autoridade, próprio de um rei. Em face da frequência das referências ao "rei" em Mateus 27, é difícil negar que, qualquer que fosse a intenção das palavras do centurião e dos que com ele estavam, quando, totalmente aterrorizados, exclamaram "É verdade, este era o Filho de Deus" (27.54), para Mateus e seus leitores essa filiação assinalava, no mínimo, a condição de rei messiânico da linhagem de Davi.

No entanto, sem dúvida, o evento mais vinculado ao raiar do reino é a ressurreição de Jesus. Em seguida à ressurreição, Jesus declara que toda autoridade lhe havia sido dada (Mt 28.18). Os dois discípulos na estrada de Emaús esperavam que Jesus "fosse [...] o que traria a redenção a Israel" (Lc 24.21), ou seja, eles esperavam que ele fosse o rei davídico há tanto tempo esperado. No contexto dessa expectativa, porém, não havia lugar para um rei davídico crucificado, um Messias crucificado. Jesus lhes repreende a insensatez e pergunta: "Acaso o Cristo não tinha de sofrer essas coisas e entrar na sua glória?" (24.26). E com um grupo maior de discípulos reafirma o que estava escrito: "... o Cristo sofreria, e ao terceiro dia ressuscitaria dentre os mortos..." (v. 46). Em outras palavras, o Messias, o rei davídico, toma posse do que lhe pertence e, assim, implicitamente, seu reino tem início. Já observamos que, no evangelho de João, a mensagem proclamada pelos discípulos, mensagem na qual se deve crer para ganhar a vida eterna, é que o Messias, o Filho de Deus, é Jesus (Jo 20.30,31), e essa mensagem é proclamada em sequência às aparições do Jesus ressurreto. Já vimos também como Paulo estabelece uma ligação entre a ressurreição de Jesus e o início do reinado de mediação de Jesus (1Co 15).

É claro que o reino de Deus, em sua forma incontestável, não virá antes do fim desta era. Até lá, oramos como o Senhor nos ensinou: "...venha o teu reino, seja feita a tua vontade, assim na terra como no céu..." (Mt 6.10). É por isso que herdar o reino pode, eventualmente, ser visto como um evento inteiramente *futuro* (e.g., 1Co 6.9,10). No entanto, essa consumação, quando Jesus entregar o reino a Deus Pai (1Co 15.24), está indiscutivelmente vinculada à ressurreição geral, *da qual a ressurreição de Jesus representa as primícias* (1Co 15.20), mais uma vez demonstrando a centralidade de sua ressurreição para o raiar do reino, para a chegada do rei. Além disso, assim como o reino de Deus às vezes se refere a todo o âmbito do reinado de Deus, e às vezes àquele subconjunto de seu reinado em que existe salvação para seu povo, assim também o reinado de Jesus pode abranger toda a soberania de Deus, toda autoridade no céu e na terra (Mt 28.18), e às vezes pode se referir ao subconjunto de seu reinado, sob o qual existe vida (e.g., 1Co 6.9,10).

Essas reflexões esclarecem por que, em Atos 13.33,34, Paulo vincula o salmo 2 à ressurreição de Jesus. No seu pensamento, o decreto divino que declara "Tu és meu filho; hoje te gerei" (Sl 2.7), nomeando assim como rei o Davi supremo na trajetória davídica, concretiza-se de modo radical e irrefutável na ressurreição de Jesus. A partir de então, ele reina com total autoridade num prenúncio da consumação gloriosa.

O rei davídico é Deus?

Continuando a argumentar em prol da superioridade do Filho sobre os anjos, o autor de Hebreus escreve:

> Mas sobre o Filho diz: O teu trono, ó Deus, subsiste pelos séculos dos séculos, e o cetro do teu reino é cetro de equidade. Amaste a justiça e odiaste o pecado; por

isso Deus, o teu Deus, te ungiu com óleo de alegria, mais do que a teus companheiros (Hb 1.8,9).

As palavras são extraídas de Salmos 45.6,7. Para entender a passagem tanto em seu contexto original do salmo 45 quanto em Hebreus 1, precisamos refletir sobre pelo menos quatro detalhes.

(1) O andamento da passagem. O título informa que o salmo 45 é uma canção para casamento, o que, como veremos, faz todo sentido. O primeiro versículo é a reflexão do autor sobre o que está fazendo ao compor o salmo (como também em outras introduções dos salmos: veja 37.1-3; 49.1-4): "Meu coração transborda de boas palavras; consagro ao rei o que compus; minha língua é como a pena de um escritor habilidoso" (45.1). Essa introdução caracteriza o autor como uma espécie de palaciano, e quem está se casando é o rei. Os versículos seguintes afirmam a majestade do rei e sua estatura moral (45.2-5). Se aplicadas à maioria dos reis davídicos que conhecemos no Antigo Testamento, não são poucas as linhas que soam meio exageradas. "Tu és o mais formoso dos filhos dos homens [...] Em tua majestade cavalga em triunfo pela causa da verdade, da misericórdia e da justiça; que a tua destra te ensine coisas maravilhosas" (45.2,4). Os versículos a seguir (45.6-9) incluem as linhas citadas em Hebreus 1. O palaciano dirige-se ao rei como se estivesse se dirigindo a Deus: "O teu trono, ó Deus, subsiste pelos séculos dos séculos, e o cetro do teu reino é cetro de equidade. Amaste a justiça e odiaste o pecado..." (45.6,7). Em Salmos 89.14, se encontra um pensamento semelhante: "Justiça e juízo são os alicerces do teu trono..." — mas ali

o salmista está se referindo a Deus. No salmo 45 fica claro, no mínimo, que o mandato desse rei é governar com a integridade e a justiça com que Deus também governa. Mas não nos enganemos: o palaciano ainda está se dirigindo ao rei davídico. Ele não se voltou de repente para Deus e deixou de falar ao rei humano. Isso se confirma no versículo 7: pelo fato de esse rei humano reinar com justiça, "Deus, o teu Deus, te ungiu com o óleo de alegria, mais do que a teus companheiros" (45.7). É evidente que, acima do Rei que é tratado pelo salmista como Deus, o qual foi ungido, há um Deus designado "o teu Deus". Os versículos que vêm a seguir dirigem-se à noiva (45.10-12) e descrevem o desfile de casamento (45.13-15). Os últimos versículos voltam-se novamente para o rei (45.16,17).

(2) Esses dois últimos versículos exigem atenção especial. O fruto desse casamento é a prole: é isso que se espera de um casamento real que tem como objetivo gerar herdeiros para o trono: "Teus filhos estarão em lugar de teus pais; tu os farás príncipes sobre toda a terra" (45.16). Isso demonstra que o rei em vista nesse casamento é alguém da dinastia davídica anterior à vinda de Jesus. Ninguém assume o lugar de Jesus; ninguém o sucede no trono. Assim, em primeira instância, o salmo não pode ser transformado numa legítima alegoria do casamento entre Cristo e seu povo ou em algo desse tipo. Esse casamento prevê herdeiros que serão sucessores em lugar dos pais. Isso significa que aquele a quem o salmista se dirige como se fosse Deus é um rei davídico comum.

(3) No salmo 45, o palaciano, possivelmente um dos filhos de Corá, dirige-se ao rei davídico; em Hebreus 1, é o

próprio Deus que se dirige ao rei, que é claramente Jesus. Em virtude da força da tipologia davídica, não devemos nos surpreender com uma passagem que se concentra numa figura davídica e também é aplicada à suprema figura davídica. Com um pouco mais de reflexão, não é tão difícil entender que, de um palaciano que se dirige à figura davídica, o discurso muda para o próprio Deus que se dirige também a uma figura davídica. A premissa comum é que, no final das contas, a Bíblia é uma comunicação de Deus. Se ele sanciona esse tipo de discurso a um rei davídico nos lábios de um palaciano, então, justamente por se tratar da comunicação de Deus, as categorias do palaciano são as categorias de Deus: o próprio Deus dirige-se ao rei davídico como se fosse a Deus.

(4) Não devemos nos esquecer de que a citação em Hebreus 1 é introduzida com as palavras "mas *sobre o Filho* [Deus] diz" (1.8). Isso faz o leitor se lembrar de que a nomeação ao trono de qualquer monarca da dinastia davídica equivale a torná-lo *o filho de Deus*, numa linguagem oriunda de 2Samuel 7.14 e do salmo 2, os versículos centrais citados em Hebreus 1.5. E assim como em 2Samuel 7, também no salmo 45: o referente imediato é *necessariamente* um rei davídico, *com exceção de* Jesus — e assim mesmo esses textos são acomodados dentro de uma trajetória davídica que pode ser cumprida *somente* em Jesus.

Assim, a grande pergunta no salmo 45 é esta: "Como o palaciano pode se dirigir ao rei que, por causa dos últimos versículos *não pode* ser Jesus, como se ele fosse Deus?". A dificuldade é tão evidente, que já se apresentaram diversas traduções alternativas: "Deus é teu trono" ou "teu trono é [um trono de] Deus, eterno" ou outras afins.[4] Mas depois de analisar cinco propostas distintas, Murray Harris demonstra que a leitura tradicional não somente pode ser defendida com facilidade, mas é também a opção mais óbvia e satisfatória.[5] Ademais, por estranha que seja a expressão quando aplicada a um rei davídico anterior a Jesus, ela não é única. Deus diz a Moisés: "Veja, eu te fiz Deus para o faraó" (Êx 7.1, TA),[6] e isso, é claro, não significa que Deus pense que entre ele e Moisés não há mais diferença. A ideia é que a autoridade de Moisés para decidir as questões importantes é a mesma autoridade de Deus. Assim também no salmo 45: o palaciano não pensa que o rei a quem ele se dirige seja literal e ontologicamente Deus, conforme fica claro no versículo 7.[7] O salmo está carregado de expressões hiperbólicas da majestade do rei, de sua integridade, justiça, humildade e poder, exatamente porque eram essas as características que o rei *deveria* manter se ele, *como filho de Deus*, fosse incumbido de reinar como seu Pai reina.

[4]E.g., cf. a NTLH: "O reino que Deus lhe deu vai durar para sempre".
[5]Murray J. Harris, "The translation of *Elohim* in Psalm 45:7-8", *Tyndale Bulletin* 35 (1984): 65-89. Veja tb. H. W. Bateman, "Psalm 45:6-7 and its Christological contributions to Hebrews", *Trinity Journal* 22 (2001): 3-21. Veja a breve atualização no livro de Bateman *Jesus as God: the New Testament use of* Theos *in reference to Jesus* (Grand Rapids: Baker, 1992), caps. 8 (p. 187-204) e 9 (p. 205-27).
[6]A A21 traduz o hebraico como "Eu te constituí como Deus para o faraó". Na verdade, muitas traduções modernas optam por "como Deus"; de uma perspectiva contextual, essas traduções têm exatidão semântica e prezam pela ortodoxia, no entanto perdem completamente a força retórica do original.
[7]Veja a abordagem em Peter T. O'Brien, *The Letter to the Hebrews*, The Pillar New Testament Commentary (Grand Rapids: Eerdmans, 2010), p. 72-5.

Quando nos voltamos para a citação em Hebreus, percebemos que novamente alguns acadêmicos preferem traduções alternativas: "Deus é teu trono" ou "Teu trono é Deus", considerando ὁ θεός, respectivamente, sujeito e predicado nominal. Existem, porém, boas razões para considerar a expressão um vocativo:[8] ao Filho se diz: "O teu trono, *ó Deus*, subsiste pelos séculos dos séculos...". Mas será que essa citação em Hebreus 1 é tão hiperbólica quanto no salmo 45? Isso nos leva à quinta pergunta.

Será que o Filho de Deus em Hebreus 1 é de algum modo superior a Davi e seus herdeiros e sucessores imediatos?
Suponho que podemos começar a responder a essa pergunta observando a coerência do Novo Testamento, que sempre retrata Jesus numa relação de superioridade a todos os que vieram antes dele. Em Hebreus, o tema "Jesus é melhor"[9] tem um brilho especial: Jesus é melhor que os anjos (Hb 1); Jesus é melhor que Moisés (Hb 3.5,6); Jesus é melhor que Josué (Hb 4.8-10); Jesus é melhor que Arão (Hb 7); o sacerdócio de Jesus é melhor que o sacerdócio levítico (Hb 7); a aliança da qual ele é mediador é melhor que a velha aliança (Hb 8); o sacrifício de Jesus é melhor que os sacrifícios de *Yom Kippur* (Hb 9 e 10); o santuário celestial em que ele entra é melhor que o santuário terreno (Hb 9.1-10); seu sangue é melhor que o sangue de bodes e touros (Hb 9.14); e assim por diante.

---

[8]Veja principalmente Murray J. Harris, "The translation and significance of ὁ θεός in Hebrews 1:8-9", *Tyndale Bulletin* 36 (1985): 129-62.

[9]A palavra "melhor" (κρείττων) aparece treze vezes em Hebreus contra dezenove em todo o Novo Testamento. As treze ocorrências servem "para estabelecer um contraste entre Cristo e a nova ordem e aquilo que veio antes dele" (O'Brien, *Hebrews*, p. 61).

Podemos também trazer à lembrança a pergunta que Jesus faz a seus interlocutores: "Que pensais do Cristo [do Messias]? De quem ele é filho...? (Mt 22.41-46; Mc 12.35-37; Lc 20.41-44). Eles entendem corretamente que o Messias da pergunta é o Messias real e davídico, e afirmam que a resposta correta é filho "de Davi". Mas Jesus insiste, dizendo que Davi trata seu futuro herdeiro de "Senhor" (citando Salmos 110.1), e naquela cultura nenhum pai jamais se dirigiria ao filho como "Senhor": o respeito e a veneração iam do filho para o pai, não o contrário. "Filho de Davi" pode ser uma descrição verdadeira de Jesus, mas também é inadequada. Ele é "Filho de Deus" tanto quanto Davi era — mas inevitavelmente ele deve ser *maior* que Davi, para que este o tratasse de Senhor.

Na realidade, não precisamos trilhar todos esses caminhos para responder à nossa pergunta, pois o contexto imediato, o primeiro capítulo de Hebreus, nos traz a resposta. Os primeiros versículos de Hebreus 1 constituem um prólogo para o livro (1.1-4). Ali a revelação do Filho supera todas as revelações anteriores. Além disso, este Filho não é somente o herdeiro de todas as coisas nomeado por Deus (ou seja, o rei davídico *por excelência*, aquele que possui e governa todas as coisas), mas também o agente do próprio Deus na criação de todo o universo, "o resplendor da sua glória e a representação exata do seu Ser", aquele que mesmo agora reina sobre tudo por meio de sua palavra poderosa, aquele que fez a "purificação dos pecados" e já está assentado "à direita da Majestade nas alturas" (1.3).[10] O prólogo então

---

[10]Veja Richard Bauckham, *Jesus and the God of Israel* (Grand Rapids: Eerdmans, 2008), esp. cap. 7: "The divinity of Jesus in the Letter to the Hebrews" (p. 233-53).

chega ao fim: "... tornando-se superior aos anjos, a ponto de herdar um nome mais excelente do que eles" (1.4) — aparentemente fazendo um contraste impressionante: na eternidade passada ele já possuía o nome que o fez superior aos anjos (afinal de contas, quem criou quem?), mas em algum momento *tornou-se* superior a eles *novamente*, sofrendo a morte pela purificação dos pecados e, então, vindicado, sentou-se à direita de Deus.[11] *Por isso, a linguagem da filiação aplicada a Cristo no prólogo não pode se restringir a um horizonte estritamente davídico-messiânico.* Em outras palavras, o autor de Hebreus está pronto para, dentro do primeiro capítulo, associar a filiação de Jesus no sentido davídico e messiânico com a filiação no sentido de sua condição inteiramente divina, abrangendo sua preexistência e sua unidade com Deus na Criação. Como esses temas ficam consolidados em Hebreus 1 antes de o salmo 45 ser citado, é praticamente impossível não perceber que, quando Deus se dirige ao Filho com as palavras "teu trono, ó Deus, subsiste pelos séculos dos séculos", o vocativo "ó Deus" não pode ser entendido como hipérbole,

---

[11]Teríamos de ir longe demais para estudar com detalhes por que o autor de Hebreus decidiu comparar Cristo com os anjos. Pelo menos parte da resposta deve ter a ver com o fato de que os anjos eram vistos como aqueles que mediaram a lei dada a Moisés (At 7.38,39; Gl 3.19; Hb 2.2; veja Êx 3.2; 12.23; Is 63.9). Boa parte de Hebreus se dedica a mostrar que a lei de Moisés *não* era o último passo no plano divino de redenção, mas um dos passos que apontavam para Cristo. Ao estabelecer a superioridade de Jesus sobre os anjos — na eternidade passada, como Criador deles, e neste lado da ressurreição, como seu Senhor —, o autor estabelece o verdadeiro lugar dos anjos. Ao mesmo tempo, a encarnação estabelece este Filho de Deus como o redentor dos seres humanos caídos, não dos anjos caídos (Hb 2). Veja a abordagem em O'Brien, *Hebrews*, p. 61-3, e em Richard Bauckham, "Monotheism and Christology in Hebrews 1", in: L. T. Stuckenbruck; W. E. S. North, orgs., *Early Christianity in context* (London: T&T Clark, 2004), p. 167-85.

como no caso de Davi e seus herdeiros imediatos. Esse Filho deve simplesmente ser considerado Deus.[12]

Retomando a citação de Salmos 2.7 em Hebreus 1.5, Jesus é superior aos anjos não somente porque os textos do Antigo Testamento e suas trajetórias apontam para ele como o rei davídico há muito esperado, cujo domínio se estende a todo o mundo e introduz a consumação, mas também porque ele não é *apenas* herdeiro de Davi e, portanto, Filho de Deus pelo fato de ser o rei davídico, mas ele é *também* Filho de Deus em virtude de sua preexistência e divindade incontestável. Nenhum anjo pode superá-lo nesses quesitos.

Isso nos leva à sexta e última pergunta.

Mas como esses argumentos têm relação com o papel sacerdotal de Jesus, tão importante em Hebreus 5.5?
Neste ponto observamos que a última citação do Antigo Testamento em Hebreus 1 vem do salmo 110: "Mas a qual dos anjos disse alguma vez: Assenta-te à minha direita até que eu ponha os teus inimigos como estrado de teus pés?" (Hb 1.13). Esse trecho do salmo 110 institui o rei davídico e messiânico de um modo bem parecido ao do salmo 2. Ele estabelece a superioridade de Jesus sobre os anjos pelas mesmas razões apresentadas no salmo 2. Mas os leitores de Hebreus haverão de se lembrar de que o salmo 110, tão citado no livro, inclui um segundo oráculo: "O Senhor jurou e não se arrependerá: Tu [ainda se dirigindo ao rei

---

[12]Bauckham, *Jesus and the God of Israel*, p. 241-44, chega a essa conclusão para Hebreus 1.5-14, mas sem estudar o que os textos citados significavam em seu contexto original, ou seja, sem extrair a lógica das trajetórias que *sustenta* a exegese do autor de Hebreus.

messiânico] és sacerdote para sempre, segundo a ordem de Melquisedeque" (Sl 110.4). Esse tema é desenvolvido de acordo com sua enorme importância e complexidade em Hebreus 7. Visando aos nossos objetivos, basta observar que o mesmo Senhor que promete ao rei messiânico plena vitória sobre os inimigos também lhe promete que ele será sacerdote para sempre. E, na verdade, Jesus assume esse papel de sumo sacerdote na esteira e sob a égide de sua morte e ressurreição. Assim, parece que aplicar Salmos 2.7, "Tu és meu filho; hoje te gerei", ao compromisso do Pai de estabelecer Jesus como sumo sacerdote, no final das contas, não é algo que esteja tão longe dessa matriz de textos.

Parte de nosso problema vem da influência que temos recebido de certa corrente do pensamento acadêmico contemporâneo que contempla os temas cristológicos de maneira pulverizada. Aqui se encontra uma cristologia do Filho do homem; ali temos uma cristologia do Filho de Deus influenciada pela monarquia davídica; acolá existe uma cristologia do sumo sacerdote; e assim por diante. Mas será que no primeiro século havia cristãos que alegavam: "Francamente, sou um cristão da corrente cristológica do 'Filho do Homem'; não aceito essa coisa de sumo sacerdote" ou "devo dizer que acredito cem por cento na cristologia do 'Filho de Deus' messiânico e posso aceitar os temas do Servo Sofredor, mas não consigo crer numa cristologia do 'Filho de Deus' preexistente". A julgar pelos dados de Hebreus 1 — e seria possível escrever um tratado para provar que grande parte do Novo Testamento endossa a mesma ideia — os cristãos normalmente buscavam a *integração* das cristologias confessionais. Assim como percebemos no capítulo 1 que Mateus passa de uma cristologia de Israel como Filho de Deus para uma cristologia do rei davídico como Filho de Deus, sem dificuldade para afirmar que Jesus é o Filho de Deus em ambos os sentidos, da mesma forma Hebreus 1 passa de uma cristologia da divindade preexistente como Filho de Deus para uma cristologia do rei davídico e do Messias como Filho de Deus.

O autor integra seus argumentos de tal forma que as fibras que definem as cristologias complementares estão costuradas umas às outras num único todo orgânico, de modo que não é aconselhável nem possível tentar separá-las. A coesão do argumento do capítulo impede isso. Somente aí percebemos de fato como a trajetória de Salmos 2.7, "Tu és meu filho; hoje te gerei", estabelece simultaneamente a superioridade de Jesus em relação aos anjos, define o seu "hoje" na ressurreição de Jesus e no raiar de seu reino, e estabelece Jesus, pela vontade de Deus, como sumo sacerdote segundo a ordem de Melquisedeque. É por isso que Salmos 2.7 é citado em Hebreus 1.5; 5.5; e em Atos 13.33,34. O que sustenta todo esse raciocínio é a rede de usos alusivos de "Filho" e "Filho de Deus".

JOÃO 5.16-30

Embora esse texto exija no mínimo o mesmo tempo dedicado ao anterior, apresentarei um estudo mais rápido.[13]

O cenário para um discurso sobre filiação

O contexto imediato é a cura miraculosa de um homem que era paralítico havia 38 anos. Jesus lhe diz: "Levanta-te, pega a tua maca e anda" (Jo 5.8). E foi o que o homem fez, provavelmente

---

[13]Veja D. A. Carson, *The Gospel according to John,* Pillar New Testament Commentary (Grand Rapids: Eerdmans, 1991), p. 246-59.

para voltar para casa. João nos informa que isso aconteceu num *Shabbath* e, por isso, o homem foi parado pelas autoridades por estar carregando a maca num sábado (5.10). O homem culpou Jesus por lhe ter mandado carregar a maca, e isso o levou a revelar que Jesus o havia curado no *Shabbath*.

"Por *isso* [provavelmente por havê-lo curado e mandado carregar a maca], os judeus começaram a perseguir Jesus, porque ele fazia essas coisas no sábado" (5.16). Sem dúvida, numa situação como essa, Jesus poderia ter interagido com os líderes judaicos numa típica controvérsia em torno do *Halacá* — ou seja, ele poderia ter iniciado um acalorado debate com eles sobre o que a lei de fato estipula e o que significa obedecer a ela. Ele poderia ter dito: "O que é isso? Vocês só podem estar brincando! Se ao menos eu fosse um médico tentando faturar um pouco de dinheiro extra no *Shabbath* e abrisse as portas do meu consultório quando elas deviam estar fechadas! A proibição de trabalho no *Shabbath* não tem nada a ver com a realização de um milagre para curar de paralisia um filho de Israel! E daí que este homem estava carregando sua maca a caminho de casa? Se ao menos ele fosse um transportador profissional de macas que estivesse tentando encher os bolsos com alguns siclos a mais em vez de guardar o *Shabbath*! A interpretação que vocês fazem da lei é indefensável". Se Jesus tivesse respondido assim, haveria um debate bem acalorado, mas não haveria perseguição nem tentativa de matá-lo. Afinal de contas, vários partidos judaicos estavam envolvidos em debates em torno do *Halacá*.

Para entendermos a importância explosiva do que Jesus *de fato* disse, é bom lembrar que, naquela época, havia debates religiosos sem fim que procuravam saber se até mesmo Deus observava a lei. A controvérsia surgia em torno do

Shabbath. *Alguns* questionavam que, se Deus descansasse no *Shabbath*, o universo inteiro não perderia sua ordem a cada sete dias? Não deve Deus manter suas atividades de governo providencial? Assim, é claro que Deus *não* guarda o *Shabbath*. Outro partido ressaltava que a codificação da lei do *Shabbath* em 39 categorias de trabalho proibido determinava que era permitido carregar um fardo *dentro* da residência da própria pessoa, mas nunca de uma residência para outra — e mesmo dentro do próprio domicílio a pessoa jamais poderia erguer algum objeto sobre os ombros — ele não podia pesar tanto assim. Mas, uma vez que o universo inteiro pertence a Deus, ele nunca leva alguma parte dele para outro domicílio; e como ele é maior que tudo e move as coisas pelo poder de sua palavra, nunca tem de levantar objetos pesados sobre os ombros. Então, mesmo que Deus, em sua providência, continue a reinar no *Shabbath*, ele, a rigor, não está infringindo a lei do *Shabbath*.

Quer fosse exatamente esse debate que estava em jogo nos dias de Jesus, quer fosse algo parecido com isso, o que importa é que os dois lados estavam dizendo com efeito que Deus continua a "trabalhar" em algum sentido, mas acabavam discutindo se isso contava como trabalho. No meio de uma situação como essa, Jesus se defende, dizendo: "... Meu Pai trabalha até agora, e eu trabalho também" (5.17). Essa declaração preceitua pelo menos três coisas. *Primeira*, quando Jesus se refere a Deus como "meu Pai", ele deixa subentendido que ele próprio é Filho de Deus. *Segunda*, como naquele contexto Jesus está afirmando que tem o direito de fazer coisas no *Shabbath* que outros seres humanos *não* têm, ele está declarando que sua filiação é única. *Terceira*, como a justificativa para o trabalho de Jesus no *Shabbath* se baseia no fato de que Deus, seu Pai, trabalha no *Shabbath*, Jesus está dando a entender que tem as mesmas prerrogativas de Deus.

Não é à toa que lemos: "Por isso, os judeus procuravam ainda mais matá-lo, não só porque infringia o sábado, mas também porque dizia que Deus era seu Pai, fazendo-se igual a Deus" (5.18). Afinal de contas, os judeus até certo ponto se viam como "filhos de Deus", mas eles perceberam corretamente que, com as referências a Deus como seu Pai, Jesus estava afirmando algo a mais que isso. Se ele estava dizendo que devia ser qualificado no mesmo nível de Deus, com direito às prerrogativas divinas (algo que, da perspectiva dos líderes judeus, era inconcebível), então estava blasfemando. Entretanto, é essencial entender que aquilo que os líderes judeus queriam dizer com "igual a Deus" não é exatamente o mesmo que Jesus pensava. Eles contemplavam algum tipo de biteísmo, a existência de dois deuses, o Pai e Jesus, mais ou menos paralelos e iguais um ao outro. Uma postura como essa corrompe completamente o monoteísmo; não é à toa que eles ficaram horrorizados. Mas não era isso que Jesus tinha em mente. Nos versículos a seguir, Jesus apresenta uma defesa de sua declaração de que é Filho de Deus e tem as prerrogativas de Deus. Em outras palavras, Jesus está dando alguns passos na direção da expressão daquilo que se tornaria a forma distintamente cristã do monoteísmo.

Argumento em favor de uma filiação peculiar
Podemos analisar o argumento em três etapas:

(1) O Filho declara ser subordinado ao Pai, mas trata-se de uma subordinação definida de forma peculiar (Jo 5.19-23). "Em verdade, em verdade vos digo que o Filho nada pode fazer por si mesmo, senão o que vir o Pai fazer..." (v. 19).

Em outras palavras, Jesus, o Filho de Deus, não constitui um segundo núcleo divino. O evangelho de João afirma diversas vezes a divindade de Jesus (1.1; 8.58; 14.9; 20.28). Todavia, essa passagem sublinha a subordinação funcional do Filho e não é a única a fazê-lo. Além desse versículo, lembre-se de 5.30 ("Não posso fazer coisa alguma por mim mesmo; conforme ouço, assim julgo; e o meu julgamento é justo, porque não procuro a minha vontade, mas a vontade daquele que me enviou"), 8.29 ("E aquele que me enviou está comigo; não me deixou só, pois faço sempre o que lhe agrada") e 14.31 (Jesus explica que o príncipe deste mundo o ataca porque "faço aquilo que o Pai me ordenou, para que o mundo saiba que eu amo o Pai"). Em outras palavras, um modo de evitar a ideia condenável de dois deuses é afirmar que o Filho, em algum sentido, é subordinado ao Pai.[14]

Mas essa subordinação é definida de modo peculiar. A afirmação de subordinação funcional feita por Jesus em 5.19 é seguida por quatro declarações introduzidas por "porque" (γάρ) no original.

(a) *Porque* "tudo quanto ele faz, o Filho faz também" (5.19b). Já observamos como a imagem de pai e filho está muitas vezes conectada à máxima "tal pai, tal filho". Por exemplo, como Deus é o supremo pacificador, alguém que faça a paz pode ser chamado filho de Deus (Mt 5.9). Mas Jesus diz que ele faz *tudo quanto* o Pai faz. Ele imita o Pai de modo exaustivo. Você e eu não poderíamos fazer tal

---

[14] É óbvio que essa exegese é pertinente para os debates contemporâneos sobre igualdade e subordinação funcional com a importância que elas têm para a interpretação patrística da Divindade (falarei um pouco mais sobre isso no próximo capítulo) e também para as controvérsias atuais sobre igualitarismo e complementarismo (sobre as quais não direi mais nada).

alegação. Para início de conversa, não criamos o universo — mas o Filho, sim (Jo 1.1-3). Ademais, embora nos versículos 19 ao 30 haja muitos indícios de que é o Filho que está em vista, essa passagem inclui atividades (como a Criação) que se deram na existência pré-encarnada do Filho. Você e eu não podemos alegar preexistência. Em resumo, Jesus sustenta sua subordinação funcional ao Pai com a afirmação de ação *coextensiva* com ele — e isso claramente torna sua filiação única. E isso necessariamente também suscita várias questões ontológicas que aqui não serão tratadas.

(b) *Porque* "o Pai ama o Filho e mostra-lhe tudo o que ele mesmo faz" (5.20). No Evangelho de João, como o Pai ama o Filho, ele entregou todas as coisas nas mãos do Filho (3.35); o Pai amava o Filho antes da criação do mundo (17.24); aqui, o Pai ama o Filho e lhe mostra tudo o que faz, e assim (na fluência do argumento) possibilita que o Filho faça tudo que o Pai faz. Em outro ponto se diz que o Filho ama o Pai e, consequentemente, obedece ao Pai com perfeição (14.31). Em outras palavras, o amor de um pelo outro é perfeitamente recíproco, mas há uma sutil distinção funcional no modo como ele atua. Em nenhum lugar se diz que o Pai deve obedecer ao Filho, e este não revela ao Pai o que está fazendo para autorizar o Pai a fazer o mesmo. Mas a coisa importante que nos interessa notar é a força do "porque" inicial: esse círculo de amor *explica* o versículo 19: é *por causa* do amor do Pai pelo Filho que este pode fazer tudo o que o Pai faz.[15] Na verdade (continua o argumento),

---

[15]Teríamos de nos afastar demais do argumento se fôssemos lidar com dois outros pontos, mas eles devem ser pelo menos citados. (1) A maravilhosa autorrevelação do Pai no Filho é motivada, em primeiro lugar, *não* pelo amor de Deus por nós, mas por seu amor pelo Filho. Assim também,

o Pai ainda revelará ao Filho coisas maiores (v. 20b): aqui o Filho encarnado está em vista, e essa "revelação" garante que ele cumprirá sua missão, a saber, tudo o que Pai lhe deu para fazer — o que leva a:

(c) *Porque* (ou "Pois", A21) "assim como o Pai ressuscita os mortos e concede-lhes vida, assim também o Filho concede vida a quem ele quer" (5.21). Em outras palavras, esse γάρ ("porque") introduz a suprema exemplificação do fato de que o Pai tem mais a "mostrar" ao Filho. Somente Deus tem poder para ressuscitar as pessoas e, porque ele "mostrou" isso ao Filho, este tem o mesmo poder do Pai.

(d) *Porque*[16] neste caso o Pai determinou não manter em suas mãos o juízo final, mas delegá-lo e confiá-lo a seu Filho (5.22), "para que todos honrem o Filho, assim como honram o Pai. Quem não honra o Filho não honra o Pai que o enviou" (5.23). Mas isso não significa que o Filho, que agora exerce todo o juízo final, faça tudo de forma independente. Afinal, no último versículo do parágrafo, Jesus declara: "... conforme ouço, assim julgo; e o meu julgamento é justo, porque não procuro a minha vontade, mas a vontade daquele

---

a obra redentora do Filho é motivada, em primeiro lugar, não pelo amor do Filho por nós, mas por seu amor pelo Pai e, portanto, por sua disposição obediente de ir para a cruz. O mundo precisa aprender, de fato, que o Filho ama o Pai e sempre faz o que lhe agrada. (2) Esse círculo perfeito de amor é exatamente o que garante a perfeição da revelação do Filho. Por um lado, é a perfeição do amor do Pai que "mostra" ao Filho todas as coisas; por outro lado, é a perfeição do amor do Filho que cumpre perfeitamente a vontade do Pai e realiza tudo o que o Pai faz. Veja D. A. Carson, *The difficult doctrine of the love of God* (Wheaton: Crossway, 2000); Carson, "Love and the supremacy of Christ in a postmodern world", in: John Piper; Justin Taylor, orgs., *The supremacy of Christ in a postmodern world* (Wheaton: Crossway, 2007), p. 85-9.

[16]Mais uma vez o original grego traz γάρ, que a NVI traduz por "além disso" (perdendo a fluência lógica).

que me enviou" (5.30).[17] Em resumo, o Filho insiste em sua subordinação ao Pai, mas se trata de uma subordinação definida de modo peculiar.

(2) O Filho afirma que, a exemplo do Pai, ele tem vida em si mesmo. O Filho, declara Jesus, tem autoridade e poder para conceder vida eterna agora, e no último dia ressuscitará os mortos para a vida da ressurreição (5.24,25). A razão por que ele tem tamanho poder está explicada no versículo 26: "Pois assim como o Pai tem vida em si mesmo, assim também concedeu ao Filho ter vida em si mesmo...". À primeira vista, esse versículo parece bem estranho. Dizer que o Pai tem vida em si mesmo é dizer que ele é autoexistente; sua vida não depende de nada nem ninguém. Podemos captar essa ideia inserindo hífens e afirmando que o Pai tem vida-em-si-mesmo. Mas qual seria o sentido de suas palavras quando ele diz que o Pai *concedeu* ao Filho também ter *vida-em-si-mesmo*? Se o Pai *concedeu* vida ao Filho, o sentido disso viria do verbo "conceder", mas então, é óbvio, o Filho seria ontologicamente inferior ao Pai: ele não seria Deus, pois embora tenha vida, seria vida derivada e não vida-em-si-mesmo. Se o texto afirmasse: "Assim como o Pai tem vida-em-si-mesmo, também o Filho tem vida-em-si-mesmo", isso significaria que Pai e Filho são igualmente Deus, mas seria quase impossível escapar da acusação de biteísmo. Mas como devemos entender que o Pai que tem vida-em-si-mesmo *concedeu* ao Filho ter vida-em-si-mesmo?

---

[17]Mantendo uma analogia do primeiro capítulo, é como se Stradivarius, o pai, confiasse a Stradivarius Júnior a fabricação e aplicação do verniz: daquele momento em diante, isso estaria dentro da alçada do filho. Mas isso não implica que Stradivarius Júnior se torne arrogante e decida fazer experiências com seu próprio verniz; ele obedece alegremente à vontade do pai.

Assim como há legiões de demônios, existem também "legiões" de explicações oferecidas para essa questão, mas suponho que a melhor explicação seja bem antiga: essa concessão é eterna. Não é uma concessão feita a Jesus em algum momento no tempo, como se *antes* ele *não* tivesse vida-em-si-mesmo. Afinal de contas, João já havia afirmado que o Verbo pré-encarnado tinha vida em si mesmo (1.4). Assim, a passagem de João 5.26 ajuda a confirmar o relacionamento peculiar entre o Pai e o Filho, na eternidade e desde a eternidade. É uma concessão eterna.

(3) O Filho de Deus afirma ser também o Filho de homem (segundo a NIV) e, como tal, é juiz de todos e tem a sanção do Pai. Este lhe deu "autoridade para julgar, porque ele é o Filho de homem" (5.27, NIV). Em outras palavras, o Pai confiou ao filho todo julgamento, não somente porque o ama e quer que todos o honrem assim como honram o Pai (5.22,23), mas também porque o Filho de Deus é também o Filho de homem. Nos Evangelhos, este é o único lugar em que "Filho de homem" aparece sem artigo; quase certamente isso provoca uma redução da força que a expressão tem como título. Em outras palavras, o que provavelmente está em vista aqui não é a famosa figura de Daniel 7, mas o texto quer dizer algo mais ou menos assim: o Pai deu ao Filho autoridade para julgar porque ele é um ser humano. A justiça de Deus é invariavelmente perfeita, mas, ao confiar o juízo final ao Filho, o Pai o colocou nas mãos de um membro da Divindade que é totalmente humano e totalmente Deus. Isso não altera o desfecho do julgamento (afinal de contas, como já observamos, o julgamento do Filho está em perfeita harmonia com a vontade de seu Pai, 5.30), mas permite que nós, seres humanos, tenhamos mais um motivo para entender que

nosso julgamento está nas mãos do Verbo que se fez carne e, nas palavras de Hebreus, assim como nós foi tentado em todas as coisas, mas sem sucumbir ao pecado.

Então, aqui está a explicação que Jesus dá aos líderes judeus sobre sua filiação peculiar. Ele não recua um milímetro da afirmação de ter todas as prerrogativas de Deus, de que faz tudo que seu Pai faz e de que deve ser reverenciado assim como seu Pai é reverenciado. Mas ele faz sua afirmação com argumentos que evitam qualquer impressão de que ele seja um núcleo divino independente, um segundo Deus igual ao outro. Embora sua linguagem seja bastante funcional, é simplesmente impossível não perceber a ontologia nela pressuposta.[18] Assim, aqui se encontram de forma resumida algumas peças exegéticas que seriam trabalhadas para formar aquilo que um dia viria a ser chamado trinitarismo.

E isso nos leva ao último capítulo.

---

[18]Bauckham, *Jesus and the God of Israel*, p. 235, prefere evitar o par de alternativas chamadas cristologia funcional e cristologia ontológica e apoia o termo "identidade divina". Mas, no final, ele não consegue evitá-las totalmente: "Assim, uma cristologia da identidade divina oferece uma opção às alternativas capciosas da cristologia funcional ou cristologia ontológica. Certas "funções" divinas, se temos de usar essa palavra, não são meras funções, mas fazem parte de quem Deus é. Se Jesus desempenha tais funções, e para que o monoteísmo seja preservado, como foi no cristianismo primitivo, então ele necessariamente pertence à identidade do único Deus. Jesus não pode desempenhar funções de Deus sem ser Deus. A ideia fica mais clara quando admitimos que uma condição claramente ontológica está vinculada às funções divinas desempenhadas na Criação e no governo soberano. Somente o único que é eterno no sentido pleno da palavra pode ser o Criador de todas as coisas e Senhor soberano sobre todas elas. Quando essa eternidade divina incomparável é atribuída também a Jesus, fica evidente que os primeiros cristãos tinham total consciência do que estavam fazendo, de uma perspectiva teológica judaica, ao afirmar a participação de Jesus na obra da Criação e no governo escatológico do único Deus". É exatamente isso.

Capítulo Três

"JESUS, O FILHO DE DEUS" EM CONTEXTOS CRISTÃOS E MUÇULMANOS

Num mundo ideal, deveríamos nos concentrar bem mais na exegese e numa integração cuidadosa para desenvolver uma teologia abrangente do "Filho de Deus" como título cristológico. Somente então deveríamos partir para reflexões de amplo alcance sobre a importância confessional, pastoral e tradutória do que descobrimos até agora. Mas, como não estamos num mundo ideal, é melhor seguir em frente, ainda que de forma meio prematura. Pelo menos poderemos estimular a discussão.

Organizarei este último capítulo fazendo referência a duas perguntas.

QUE INFLUÊNCIA O PRESENTE ESTUDO DE JESUS COMO FILHO DE DEUS EXERCE SOBRE AQUILO QUE OS CRISTÃOS DEVEM PENSAR DE JESUS?
Eu me concentrarei em seis itens.

1. Nem todas as acepções de "Filho de Deus" são iguais
Devido, particularmente, ao confessionalismo trinitário que herdamos do quarto século, a designação "Filho de Deus"

como confissão cristológica está vinculada, primeiramente, à segunda pessoa da Trindade, no pensamento de muitos cristãos. Ela adquiriu um sentido fixo. Isso não é errado, mas é limitado — ou, melhor dizendo, algumas passagens do Novo Testamento usam a terminologia do Filho de Deus para conferir a Jesus os atributos que foram tão importantes nos debates cristológicos do terceiro e quarto séculos, mas muitas outras usam essa terminologia de formas bem diversas. Algumas vezes, ela funciona do mesmo modo que funcionava quando se referia a Israel como Filho de Deus, só que agora Jesus é o Israel por excelência. Às vezes, "Filho de Deus" está vinculado à condição do rei davídico ungido, o Messias, com destaque particular à sua autoridade real. Outras vezes, a expressão se volta para seu ministério terreno; em outros casos, pressupõe suas origens na eternidade passada. Em suma, no Novo Testamento, "Filho de Deus" não é, como se diz em latim, um *terminus technicus* — um termo técnico que sempre evoca as mesmas associações. Ele sempre pressupõe algum sentido de ter origem em Deus ou de agir como Deus, ou ambos, mas as esferas dessas ações são bem diversificadas. Os leitores da Bíblia devem ter muito cuidado para não se renderem a um reducionismo injustificado, no qual um sentido específico é aplicado a todas as ocorrências do título, nem a uma "transferência ilegítima da totalidade", pela qual todo o campo semântico da expressão é associado a cada ocorrência. O contexto deve decidir.

2. *As trajetórias bíblicas são importantes para entendermos como "Filho de Deus" normalmente "funciona"*
Isso não deve nos surpreender. De diversas formas, os autores do Novo Testamento estão constantemente associando

a Jesus pessoas, instituições e fatos do Antigo Testamento. Assim, Jesus é o verdadeiro maná, o pão do céu; ele é o cordeiro pascal; é a videira verdadeira; quando ele é "levantado" para morrer, evoca a serpente levantada no deserto; ele é o supremo sumo sacerdote; ele próprio é o templo de Deus. Portanto, não nos deve causar surpresa saber que Jesus é declarado o supremo rei davídico e, por isso, Filho de Deus (assim como cada rei davídico, por sua vez, também era declarado Filho de Deus).

No entanto, essa trajetória davídica é sutil. Observamos como 2Samuel 7.14, Salmos 2.7 e Salmos 45.6,7 são aplicados a Jesus, embora o primeiro certamente se refira a Salomão, não a Jesus, o segundo provavelmente esteja relacionado em primeiro lugar a Davi e seus sucessores imediatos, e o terceiro por certo seja aplicado primeiro aos reis com herdeiros que substituíam os pais, e não a Jesus. Mas nos três casos o contexto dá indícios de um cumprimento que vai além dos monarcas locais inferiores a Jesus. Uma vez que essas passagens são acomodadas na complexa matriz da tipologia davídica, as muitas referências que prenunciam um herdeiro de Davi que é declarado Deus e cujo reinado abrange toda a terra e até o céu, a identificação com Jesus se torna inevitável. Se, porém, essas trajetórias não forem identificadas e compreendidas, teremos dificuldades para entender como realmente "funcionam" os textos do Antigo Testamento que se cumprem em Jesus. Não são poucos os leitores que folheiam o Antigo Testamento para encontrar a passagem que o Novo Testamento aplica a Jesus, mas acabam se sentindo perdidos diante de uma associação que, na melhor das hipóteses, é obscura e, em certos casos, parece estar falando de alguma coisa completamente distinta.

É preciso estudar com afinco para descobrir como essas trajetórias, ou essas tipologias, de fato funcionam. Mas, quando dedicamos tempo e esforço para examiná-las, somos silenciados pela perplexidade diante da sabedoria de Deus, que entretece padrões complexos ao mesmo tempo ocultos em seu desenvolvimento e tão magnificamente óbvios no cumprimento.

3. *A relação entre a exegese das passagens bíblicas do "Filho de Deus" e as categorias da teologia sistemática não é simples*

Esse problema tem várias esferas, e aqui mencionarei três. *Primeira*, os métodos que costumam ser usados para o ensino de exegese e de teologia sistemática geralmente não facilitam a boa integração dessas duas disciplinas. Mas, é claro, existem honrosas exceções. Todavia, comentários e cursos de exegese bíblica raramente conduzem seus argumentos ao encontro das categorias e da integração exigidas pela teologia sistemática. Pelo contrário, os que ensinam exegese advertem contra a imposição das categorias da teologia sistemática aos textos bíblicos. Em contrapartida, muitos teólogos sistemáticos ensinam teologia com pouquíssima influência dos textos bíblicos. Na realidade, a teologia sistemática contemporânea tem resultado em teses sobre, por exemplo, a expiação segundo John Owen (algo que pertence mais à teologia histórica), ou pericorese e pessoalidade na Trindade (que em grande parte tem a ver com a teologia filosófica), mas é relativamente pouca a atenção dedicada à teologia normativa e construtiva que, partindo da Bíblia, formula uma tese sobre aquilo em que os cristãos *devem* crer. Além disso, às vezes os teólogos sistemáticos fazem pouco caso da exegese rigorosa, atitude que os exegetas também manifestam com relação à teologia sistemática.

Segunda, as palavras empregadas pelas duas disciplinas costumam ter sentidos um pouco diferentes. É como se uma parte do mesmo vocabulário fosse empregada em dois campos distintos do discurso. Costumo dar o exemplo da palavra "santificação". Os teólogos sistemáticos reformados geralmente ensinam que a justificação se refere ao ato único de Deus pelo qual ele declara justos os pecadores, não com base na justiça destes, e sim com base na justiça e na morte expiatória de Cristo, mas a santificação representa o processo contínuo pelo qual os crentes vão se tornando mais santos. Todos reconhecem que há casos em que palavras do campo semântico de santificação referem-se não ao processo pelo qual a pessoa vai se tornando mais santa, mas sim a seu estado: alguém é separado para Deus e, nesse sentido, "santificado". Como no caso da justificação, tal estado pode ser alcançado instantaneamente, de uma vez por todas. A justificação está no campo semântico forense, ao passo que santificação está no campo do religioso e do sagrado. O tempo nos ensinou a pensar em tais ocorrências de "santificação" como santificação instantânea ou definitiva. Alguns exegetas são categóricos ao afirmar que, no Novo Testamento, a *maioria* das ocorrências da palavra santificação é de santificação instantânea, definitiva.[1]

Por sua vez, os teólogos sistemáticos podem começar a perguntar se a doutrina da santificação lhes está sendo roubada pelos exegetas da Bíblia. Ao mesmo tempo, não se pode

---

[1] Veja esp. David Peterson, *Possessed by God: a New Testament theology of sanctification and holiness* (Leicester: IVP, 1995).

deixar de observar o anseio de Paulo ao falar de seus objetivos: "... para conhecer Cristo, e o poder da sua ressurreição, e a participação nos seus sofrimentos, identificando-me com ele na sua morte, para ver se de algum modo consigo chegar à ressurreição dos mortos" (Fp 3.10,11). Ele ainda não atingiu sua meta, mas segue com firmeza "procurando alcançar aquilo para que também fui alcançado por Cristo Jesus" (Fp 3.12). Tudo isso parece ter muito a ver com a ideia de santificação, embora a palavra "santificação" não seja usada. Resumindo, às vezes, quando "santificação" está presente, não se está falando de santificação; outras vezes, "santificação" não aparece no texto, mas a ideia de santificação está ali, marcando forte presença. Em suma, a doutrina e o campo semântico de determinado vocábulo não estão amarrados um ao outro. Pouquíssimos exegetas e teólogos sistemáticos nos mostram como formular doutrinas a partir das Escrituras — os primeiros porque tendem a pensar que isso não é tarefa deles, e os outros porque pensam que o paradigma confessional já está consolidado e não precisa de rearticulações.

Terceira, para complicar ainda mais as coisas, a teologia sistemática muitas vezes cria sua própria terminologia especializada que não se encontra na Bíblia. Essa terminologia pode ser resultado de séculos de reflexão teológica acerca do que a Bíblia diz, mas, uma vez que recebe impulso, parece que adquire vida própria. Não é preciso ir muito longe, basta pensar na palavra "Trindade". Os especialistas em teologia sistemática podem olhar para a doutrina da Trindade como algo tão bem consolidado que não achem necessário fundamentá-la de novo; os exegetas podem considerá-la uma conclusão do quarto século e, portanto, fora do âmbito de sua especialidade. O problema é que a doutrina da Trindade pode ser reduzida a uma fórmula simples: por exemplo, "o Pai é Deus, o Filho é Deus, o Espírito é Deus, e existe um só Deus". É claro que isso é verdade, de modo que a fórmula pode então ser justificada por um punhado de textos isolados usados como provas. Mas tudo isso não leva em conta como a doutrina da Trindade conseguiu evitar a cristologia ariana, com sua visão de Jesus como um Deus inferior; o modalismo de Sabélio, com a doutrina de um só Deus que se revela em três manifestações que não interagem umas com as outras como pessoas; o nestorianismo, que enfatizava as diferenças e a falta de unidade entre as naturezas divina e humana de Jesus, e o adocionismo, que ensinava que Jesus nasceu como ser humano e somente depois tornou-se Filho de Deus. A doutrina da Trindade logo foi cercada por expressões como "essência", "substância", "pessoa" e "união hipostática" — nenhuma delas ditada pelo uso do Antigo e do Novo Testamento. Mas todos esses debates com seus vocabulários especializados surgiram de leituras atentas do Novo Testamento e de tentativas de evitar que os dados bíblicos fossem *mal* compreendidos. Lembremo-nos da sofisticada discussão da doutrina da Trindade segundo João Calvino e sua conclusão: "Dize que na essência una e única de Deus subsiste uma trindade de pessoas: terás dito em uma palavra *o* que as Escrituras dizem e terás refreado a loquacidade vazia". Aqueles que "mais pertinazmente litigam" acerca dessas palavras, ele afirma, "nutrem peçonha secreta".[2] Corretamente empregados, os padrões confessio-

---

[2] John Calvin [João Calvino], *Institutes of the Christian religion*, tradução para o inglês Ford Lewis Battles; edição de John T. McNeill (Philadelphia: Westminster, 1960), 1.13.5 [edições em português: *A instituição da religião cristã*, tradução de Carlos Eduardo Oliveira (São Paulo: Unesp, 2008), 2 vols., e *As institutas*, tradução de Waldyr Carvalho Luz (São Paulo: Cultura Cristã, 2006), 4 vols.].

nais devem guiar, formatar e enriquecer nossa exegese; mal empregados, eles se divorciam dos textos bíblicos que os nutriram e desenvolveram.

É fácil entender como essas reflexões sobre o equilíbrio entre exegese e teologia sistemática influenciam nosso entendimento do que significa, como cristãos, confessar que Jesus é o Filho de Deus. Na maioria dos seminários não há uma clara trilha pedagógica que ajude os alunos a passarem com facilidade e inteligência do modo como a Bíblia usa "Filho de Deus" para o uso trinitário do título do qual somos gratos herdeiros.

Por um lado, existe o perigo de sucumbir a um biblicismo descuidado que interpreta e traduz textos sem de fato buscar uma síntese que realmente preserve a fidelidade bíblica; por outro lado, há o risco de confiar nas fórmulas confessionais sem que sejamos capazes de explicar com alguma profundidade como elas são frutos das reflexões acerca do que a Bíblia de fato diz. Os capítulos 1 e 2 foram introduções muito simples à recuperação do trabalho exegético e teológico que precisa ser feito por todas as gerações, uma após a outra, mas creio que servem para mostrar o caminho certo.

4. A "eterna geração do Filho" é um território de alta complexidade

É sempre bom lembrar o que essa fórmula estava tentando preservar. Por mais importante que seja defender a divindade do Filho em algumas passagens sobre a filiação — em particular contra o antissobrenaturalismo de boa parte do mundo ocidental e contra o monoteísmo antitrinitário do mundo muçulmano —, é igualmente importante preservar a ênfase que a Bíblia dá à verdade do monoteísmo: há um só Deus. Afirmar que o Pai é Deus, o Filho é Deus e o Espírito é Deus, sem explicar o relacionamento entre eles, é correr o risco constante de acabar caindo no triteísmo. Deixando de lado, para nossos objetivos, o relacionamento entre o Espírito Santo e o Pai e o Filho, e concentrando-nos exclusivamente na relação Pai-Filho, a geração eterna do Filho tornou-se o modelo que evita a visão de vários deuses. Para ilustrar como teologias sistemáticas influentes lidam com a geração eterna do Filho, farei uma longa citação de Berkhof:

> *A geração eterna do Filho.* A propriedade pessoal do Filho é que ele é gerado eternamente do Pai ("filiação", para usar um termo conciso), e participa com o Pai do "soprar" do Espírito. A doutrina da geração do Filho é indicada pela representação bíblica da primeira e da segunda pessoas da Trindade se inter-relacionando como Pai e Filho. Os nomes "Pai" e "Filho" não somente subentendem a geração deste por aquele, mas o Filho é diversas vezes mencionado como "unigênito" (Jo 1.14,18, 3.16,18; Hb 11.17; 1Jo 4.9). Diversas proposições merecem ser enfatizadas em referência à geração do Filho: (1) *Ela é um ato necessário de Deus.* Orígenes, um dos primeiros a falar da geração do Filho, considerava-a um ato dependente da vontade do Pai e, portanto, um ato espontâneo. Outros expressaram a mesma opinião em épocas distintas. Mas Atanásio e outros perceberam com clareza que uma geração que dependia da vontade facultativa do Pai faria com que a existência do Filho fosse contingente e, portanto, ele ficaria privado de sua

divindade. Assim, o Filho não seria igual ao Pai e *homoousios* com ele [da mesma essência], pois o Pai existe necessariamente e não pode ser concebido como não existente. A geração do Filho precisa ser considerada um ato de Deus necessário e perfeitamente natural. Isso não significa que ele não esteja relacionado com a vontade do Pai em nenhum sentido da palavra. É um ato da vontade necessária do Pai, que significa simplesmente que sua vontade concomitante se agrada perfeitamente dele. (2) *Ela é um ato eterno do Pai.* Isso é consequência do ponto anterior. Se a geração do Filho é um ato necessário do Pai, de modo que é impossível pensar que o Pai não geraria, ela participa naturalmente da eternidade do Pai. No entanto, isso não significa que seja um ato completado no passado muito distante, mas sim que se trata de um ato atemporal, ato de um presente eterno, sempre sendo realizado e sempre completo. Sua eternidade advém não apenas da eternidade de Deus, mas também da imutabilidade divina e da verdadeira divindade do Filho. Ademais, isso pode ser deduzido de todas as passagens bíblicas que ensinam a preexistência do Filho ou sua igualdade com o Pai (Mq 5.2; Jo 1.14,18; 3.16; 5.17,18,30,36; At 13.33; Jo 17.5; Cl 1.16; Hb 1.3). A declaração de Salmos 2.7, "Tu és meu filho; hoje te gerei", é geralmente citada para provar a geração do Filho, mas, de acordo com alguns, com uma propriedade meio duvidosa (cf. At 13.33; Hb 1.5). Eles supõem que essas palavras se referem à escolha de Jesus como rei messiânico e a seu reconhecimento como Filho de Deus num sentido oficial, e provavelmente devem estar vinculadas à promessa encontrada em 2Samuel 7.14, assim como no caso de Hebreus 1.5. (3) *É uma geração da substância pessoal do Filho e não de sua essência divina.* Há quem fale como se o Pai tivesse gerado a essência do Filho, mas isso equivale a dizer que ele gerou sua própria essência, pois a essência de ambos, Pai e Filho, é exatamente a mesma. É melhor afirmar que o Pai gerou a substância pessoal do Filho, mas por isso também lhe transmite a essência divina em sua totalidade. Mas, assim fazendo, devemos nos precaver contra a ideia de que o Pai primeiro gerou uma segunda pessoa e então lhe transmitiu a essência divina, pois isso levaria à conclusão de que o Filho não foi gerado da essência divina, mas criado do nada. Na geração houve uma transmissão de essência; foi um só ato indivisível. E, em virtude dessa transmissão, o Filho também tem vida em si mesmo. Isso está em harmonia com a declaração de Jesus: "Pois assim como o Pai tem vida em si mesmo, assim também concedeu ao Filho ter vida em si mesmo..." (Jo 5.26). (4) *É uma geração que precisa ser entendida como espiritual e divina.* Em oposição aos arianos, que afirmavam que a geração do Filho necessariamente importava em separação ou divisão no Ser divino, os pais da igreja enfatizaram o fato de que essa geração não pode ser explicada como algo físico ou próprio de uma criatura, mas deve ser considerada espiritual e divina, excluindo toda ideia de divisão ou mudança. Ela causa *distinctio* e *distributio*, mas não *diversitas* e *divisio* no Ser divino (Bavinck). A melhor analogia desse ato se encontra no pensamento e na fala do homem, e a própria Bíblia parece apontar para isso, quando se refere ao Filho como Logos. (5) A geração do Filho pode ser assim definida: *É aquele ato eterno e necessário da primeira pessoa da Trindade, pelo qual ele, dentro do Ser divino, é o fundamento de uma segunda substância pessoal como a sua e confere a essa segunda pessoa a posse da inteireza da essência divina, sem nenhuma divisão, alienação ou mudança.*[3]

Observe diversos detalhes.

(a) Berkhof vincula a geração eterna do Filho com a expressão "unigênito", que, segundo ele, refere-se regularmente ao Filho, apresentando como prova João 1.14,18; 3.16,18; Hebreus 11.17 e 1João 4.9. A palavra grega é μονογενής. A tradução "unigênito" pressupõe que ela tem origem em μόνος + γεννάω. Mas é possível defender a derivação de μόνος + γένος e, assim, "único do seu tipo", produzindo a tradução moderna "único" (NTLH, NVI [em nota de rodapé]). A lista de textos usados como prova por Berkhof não é muito tranquilizadora: um dos seis textos, Hebreus 11.17, não se refere a Jesus, mas a Isaque como filho μονογενής de Abraão — não como filho "unigênito" de Abraão nem mesmo como seu filho "único", mas "único" no sentido de "singular". Num contato pessoal, Gerald Bray ressaltou que, pelo fim do segundo século, Tertuliano em seu *Adversus Praxean* fala sobre o *filius unicus*, o Filho único, o que pelo menos mostra como ele entendia μονογενής.

(b) Outro comentário de Berkhof denuncia certo desconforto com os textos apresentados como prova da geração eterna do Filho: "A declaração de Salmos 2.7, 'Tu és meu filho; hoje te gerei', é geralmente citada para provar a geração do Filho, mas, de acordo com alguns, com uma propriedade

---

[3]Louis Berkhof, *Systematic theology* (Grand Rapids: Eerdmans, 1949), p. 93-4 [edição em português: *Teologia sistemática* (Campinas: Luz Para o Caminho, 1992)].

meio duvidosa (cf. At 13.33; Hb 1.5). Eles supõem que essas palavras se referem à escolha de Jesus como rei messiânico e a seu reconhecimento como Filho de Deus num sentido oficial, e provavelmente devem estar vinculadas à promessa encontrada em 2Samuel 7.14, assim como no caso de Hebreus 1.5". Parece que Berkhof não havia se decidido de que lado ficar. Gosto de pensar que minha exegese do capítulo 2 o teria ajudado a se decidir.

(c) As complexas pressuposições que Berkhof apresenta podem, sem dúvida, derivar de algumas descrições bíblicas do Filho, mas ele não se dedica a apresentar provas. Como consequência, fica-se com a impressão de que a discussão saiu do campo dos textos bíblicos irrefutáveis.

(d) Em todo caso, tentei mostrar no capítulo 2 que o relacionamento entre o Pai e o Filho, normalmente enquadrado na "geração eterna do Filho", recebe melhor sustentação nos temas mais amplos de uma passagem como João 5.16-30, com seu ápice em 5.26, em que o Pai, que tem vida-em-si-mesmo, concede ao Filho ter vida-em-si-mesmo, e não numa tradução questionável de μονογενής.

5. *A compreensão de Jesus como Filho de Deus precisa influenciar nossa evangelização*

Nas gerações passadas — em alguns lugares, há mais tempo do que em outros — a evangelização no mundo ocidental limitava-se principalmente aos que haviam nascido ou crescido na igreja e aos que já haviam tido algum contato com as doutrinas básicas do cristianismo. Insistir na importância de crer em Jesus, o Filho de Deus, ou pregar que Deus enviou seu Filho ao mundo para que o mundo fosse salvo, não causava tanta estranheza: a linguagem do "Filho" estava tão integrada à tradição recebida que não eram necessárias muitas explicações. Hoje, porém, em grande parte do mundo ocidental, estamos lidando com analfabetos bíblicos. Para eles, o que significa dizer que Deus tem um Filho, ou que enviou seu Filho ao mundo para levar nossos pecados sobre seu próprio corpo pregado na cruz? Não estou fazendo um apelo sutil, porém perverso, para que se evitem doutrinas complexas. Longe disso; pelo contrário, assim como ao evangelizar temos de iniciar voltando um pouco na história da Bíblia, a fim de que as boas-novas de Jesus façam sentido — a exemplo de Paulo, que fornece muitos dados do enredo bíblico quando prega o evangelho aos pagãos que não conheciam a Bíblia (At 17.16-31) — assim também precisamos explicar com mais cuidado a doutrina de Deus e, portanto, a doutrina do Filho, a uma geração que não conhece nada sobre a Trindade. É claro que há diversos modos de fazer isso, mas um deles é acompanhando a sequência das trajetórias bíblicas, explicando os temas do Filho de Deus à medida que avançamos, até chegar ao ponto culminante em Jesus, o Filho de Deus — o verdadeiro homem, o verdadeiro Israel, o verdadeiro Rei davídico, aquele que vem como Filho de Davi mas também como Deus poderoso.

6. *A compreensão de Jesus como Filho de Deus precisa influenciar nossa adoração*

Não é incluindo o verbo "adorar" a cada dois versos de nossos chamados "cânticos de louvor ou adoração" que aumentamos a intensidade, a alegria e a fidelidade de nosso culto, mas conhecendo melhor a Deus e apresentando-lhe nossa adoração por quem ele é. Se nossos conceitos sobre Deus divergem demais daquilo que ele revelou de si mesmo, podemos estar adorando um falso deus, e isso normalmente é chamado idolatria. Estudar profundamente o que as sagradas Escrituras dizem sobre o Filho de Deus, aquele que revelou seu Pai celestial do modo mais completo, é conhecer melhor a Deus e, assim, começar a fundamentar nossa adoração na realidade, e não em frases prontas.

QUE INFLUÊNCIA O PRESENTE ESTUDO DE JESUS COMO FILHO DE DEUS EXERCE SOBRE OS DEBATES ATUAIS ACERCA DA TRADUÇÃO DESSE TÍTULO, SOBRETUDO EM CONTEXTOS MUÇULMANOS?

Essas questões estão misturadas a outras mais amplas que merecem ser discutidas. Vou apenas identificá-las antes de prosseguir.

C5 e MI

Em 1998 foi publicado um artigo intitulado *"The C1 to C6 spectrum: a practical tool for defining six types of 'Christ-centered communities'"* [O espectro C1-C6: uma ferramenta prática para a definição de seis tipos de comunidades cristocêntricas].[4] O autor era John Travis, pseudônimo adotado por um casal que morou e trabalhou durante vinte anos na Ásia numa sólida comunidade muçulmana. O "C" se refere ao termo "comunidades cristocêntricas". As categorias que vão de C1 a C6 são estas:

---

[4] *Evangelical Missions Quarterly* 34 (1998): 407-8.

C1: Uma igreja tradicional que não usa o idioma local. Seus membros vivem na comunidade na condição de minoria étnica/religiosa, geralmente vistos pela população do lugar como estrangeiros. É o caso, por exemplo, das igrejas de língua inglesa no Japão. Nas culturas muçulmanas em que são permitidas, essas igrejas vivem bem separadas da cultura que as cerca, embora alguns crentes de origem muçulmana possam fazer parte delas.

C2: As igrejas desse grupo são parecidas com as de C1, mas utilizam o idioma local. O vocabulário, as formas de culto e outros valores culturais são essencialmente estrangeiros.

C3: Nesse segmento, a igreja não somente faz uso da língua local, mas também procura adotar o maior número possível de normas culturais religiosamente neutras. O objetivo é reduzir ao mínimo a percepção de que se trata de um grupo estrangeiro. Os crentes de origem muçulmana consideram-se *ex*-muçulmanos.

C4: É uma igreja semelhante a C3, mas há uma disposição para adotar formas e costumes religiosos islâmicos sempre que considerados biblicamente aceitáveis: por exemplo, evitar carne de porco, praticar jejum, orar com as mãos para o alto, usar termos mais islâmicos e assim por diante. Os crentes de origem muçulmana também se consideram *ex*-muçulmanos.

C5: Nessas comunidades, as pessoas aceitam Jesus como Senhor do modo como o entendem e rejeitam elementos do islamismo vistos por elas como totalmente incompatíveis com a Bíblia, mas a lista dessas incompatibilidades não é longa. Os membros de C5 reúnem-se com outros membros de C5, mas continuam frequentando as reuniões da mesquita, lendo o Alcorão e reverenciando Maomé. São o equivalente muçulmano das igrejas de judeus messiânicos. A maioria dos convertidos a Jesus continua se vendo como muçulmana.

C6: São pequenos grupos de convertidos que se reúnem secretamente, em geral sob profundas ameaças de perseguição de regimes totalitários. Muitas vezes aceitam a Jesus por influência do rádio, da televisão, de literatura ou do contato com cristãos enquanto estudam em outros países. Ao contrário dos crentes de C5, não falam publicamente sobre sua fé, e os outros muçulmanos os consideram muçulmanos.

O debate generalizado nos círculos missiológicos está concentrado nas comunidades C5. Muitas vezes, elas são chamadas coletivamente Movimento dos *Insiders*[5] (por isso, MI). Muitos livros e artigos inflamados têm sido escritos de ambas as perspectivas do debate.[6] Os que defendem o MI sentem que estão pondo abaixo barreiras desnecessárias para a conversão de muçulmanos; os que rejeitam o MI acham que o movimento é essencialmente sincretista e, por isso, representa um risco para o próprio evangelho ao motivar muitas conversões espúrias. E, como é inevitável, há diversas posições intermediárias.

Meu propósito ao mencionar C5 e MI é modesto. O MI é um indicador da agitação que caracteriza as discussões sobre

---

[5] *Insiders* (pronuncia-se *in-sai-ders*), nesse contexto, é uma referência àqueles que naturalmente fazem parte de um grupo, em comparação aos que vêm de fora. (N. do T.)

[6] Minha modesta contribuição para o debate está num sermão relativamente longo baseado em 1Coríntios 9.19-23, texto que os defensores do MI muitas vezes citam para justificar sua posição. D. A. Carson, "That by all means I might win some: faithfulness and flexibility in Gospel presentation" (sermão, The Gospel Coalition 2009 National Conference, 23 de abril de 2009), disponível em: http://www.thegospelcoalition.org/resources/a/That-By-All-Means-I-Might-Win-Some.

a melhor forma de transmitir a mensagem do evangelho aos muçulmanos. O debate em torno da tradução das passagens sobre Pai e Filho faz parte dessa agitação. Todavia, as duas questões não devem ser consideradas completamente idênticas. Defensores do C5 tendem a apoiar algumas novas traduções que evitam a linguagem de Pai/Filho, mas isso não significa que todos os que apoiam essas traduções inovadoras sejam defensores do Movimento dos *Insiders*. Para os fins deste estudo, vamos nos concentrar exclusivamente nas questões de tradução que acabaram levando aos próprios debates globais desses grupos.

Um pouco de história

É de conhecimento público que o Alcorão nega várias vezes que Jesus possa ser considerado Filho de Deus.[7] O povo muçulmano comum pensa que os cristãos acreditam que Deus, de alguma forma, engravidou Maria e que a Trindade é constituída por Deus, Maria e Jesus, que assim é o Filho de Deus. Eles acham esse conceito estranho, para não dizer blasfemo, e é claro que eles estão certos. Muçulmanos mais instruídos têm melhor noção do que a Trindade significa para os cristãos, mas acham que essa postura sobre o monoteísmo é no mínimo absurda e, na pior das hipóteses, blasfema. Em suma, a objeção à ideia de Jesus como Filho de Deus não se restringe à repulsa diante da hipótese de Deus ter se unido sexualmente a uma mulher, mas se estende a uma crítica mais profunda da encarnação: não se pode violar a distinção absoluta entre Deus e sua criação.

---

[7] E.g., 4:171,172; 5:19,75-78,119-120; 9:30-31; 19:35.

Cientes dessas susceptibilidades dos muçulmanos, alguns setores de organizações como SIL/Wycliffe (no Brasil conhecidas como Associação Internacional de Linguística — SIL Brasil e Associação Wycliffe de Tradutores da Bíblia), a Frontiers e outras têm adotado, há alguns anos, uma variedade de traduções da Bíblia que substituem muitas referências a Deus como Pai e a Jesus como Filho. Por exemplo, numa recente tradução para o árabe, *Al Kalima*, a fórmula batismal de Mateus 28 tem a seguinte redação: "Purificando-os pela água no nome de Alá, de seu Messias e de seu Espírito Santo".[8] Às vezes o termo "Tutor" é usado no lugar de "Pai". Os debates em torno dessas iniciativas estavam em geral limitados às organizações e periódicos missionários especializados nas disciplinas que envolvem a tradução da Bíblia. Alguns desses debates foram bem acalorados e vieram a público num artigo escrito por Collin Hansen para a revista *Christianity Today*.[9] O texto começa com um relato sobre um convertido que, quando ainda era muçulmano, leu pela primeira vez uma Bíblia que não se referia a Jesus como o "Filho de Deus", mas como "o Filho Amado [implicitamente de Maria?] que vem (ou se origina) de Deus". Às vezes, "Filho de Deus" é traduzido por "amado de Deus".

Houve uma explosão de artigos e postagens em *blogs*. O Biblical Missiology, um ministério da Horizon International, organizou um abaixo-assinado contra esses fatos. SIL/Wycliffe organizaram sessões para estudar as questões e

---

[8] Desde sua primeira edição, as normas de tradução de *Al Kalima* sofreram muitas revisões; as últimas normas adotadas encontram-se em http://www.al-kalima.com/translation_project.html.
[9] Collin Hansen, "The Son and the crescent", *Christianity Today*, Feb 1, 2011, p. 18-23.

publicaram diversas declarações. No fim de 2011, a declaração de Istambul, emitida por essas organizações, recuou em relação às traduções mais extravagantes, preservando porém o direito de optar por traduções menos literais sempre que houvesse perigo de insinuar que o relacionamento Pai/Filho tinha conotações biológicas ou se baseava em união sexual. Uma declaração mais recente, publicada em fevereiro de 2012, informa que todas as publicações dessas novas traduções estariam suspensas até que se realizassem novos debates. A Frontiers tem promovido suas próprias discussões, na tentativa de evitar que se gaste tempo demais procurando manter boas relações e suavizando discursos, em vez de lidar com as questões de real importância. Algumas igrejas e denominações se posicionaram contrariamente a esses procedimentos na tradução (e.g., Ato 9 da Presbyterian Church of America [Igreja Presbiteriana da América]). Algumas missões ou missionários que apoiaram a ideia de evitar o uso de "Pai" e "Filho" deixaram de receber sustento financeiro. De vez em quando, um missionário desliga-se de uma missão por causa dessa polêmica. Não foram poucos os líderes cristãos locais, crentes de origem muçulmana que trabalham em lugares de língua árabe, urdu, farsi e outras de maioria muçulmana, que se revoltaram com as ações dessas missões essencialmente ocidentais e se sentiram, para ser franco, traídos.

    Meu objetivo limitado nas páginas a seguir é apresentar algumas avaliações baseadas nos dados até agora reunidos sobre o sentido de "Filho de Deus" como título cristológico. Antes, devo fazer duas observações preliminares. *Primeira*, como não existe uma forma consensual de se referir coletivamente a essas traduções, farei referência a elas como "as novas traduções".[10] *Segunda*, em diversos pontos vou interagir com posições que deixaram de ser defendidas, mas também com posições atuais, tentando ter o cuidado de fazer distinção entre as duas. A razão por que interajo com posições já ofuscadas por estudos mais recentes é que os aspectos tradutórios e teológicos são importantes em si mesmos e, assim, devem ser mantidos em nosso campo de visão.

Seis avaliações

(1) Devemos todos reconhecer a extraordinária diversidade de expressões "filho de" na Bíblia. É provável que não devamos tratar todas da mesma forma. Mas a variedade de maneiras de traduzir expressões como "filho do óleo" e "filho da aljava", mencionadas no capítulo 1, não significa que podemos contar com a mesma variedade nas formas como traduzimos "filho(s) de Deus".[11]

Pense nisto: querendo enfatizar a necessidade de fazer as coisas na ordem certa, um falante de português poderá dizer: "Não ponha o carro adiante dos bois" (ou "à frente dos bois"). Num país de língua inglesa, é mais provável que a pessoa diga "não ponha a carroça adiante do cavalo" (*Don't put the cart before the horse*). Na verdade, eles dizem carroça em vez de carro, mas como o sentido é muito semelhante, deixaremos de lado a diferença entre carro e carroça. Como

---

[10]Houve um tempo em que alguns se referiam às Muslim Idiom Translations (MIT [Traduções Idiomáticas Muçulmanas]); outros falavam em traduções de termos divino-familiares. Esses rótulos não satisfazem a muitos e serão evitados aqui.
[11]Parece ser isso que Rick Brown defende em "Part II: Translating the biblical term 'Son(s) of God' in Muslim contexts", *International Journal of Frontier Missiology* 24/4 (2004): 135-45.

você traduziria para o português a oração em inglês *Don't put the cart before the horse*? A resposta óbvia é manter a força inerente à expressão idiomática conhecida e substituir cavalo por bois. Se, em vez disso, você fizer uma tradução literal, o máximo que vai conseguir é chamar a atenção do leitor, pois a expressão idiomática em inglês vai ficar estranha em português (e vice-versa). Mas suponha que a palavra "cavalo" do texto que está sendo traduzido tenha profundas e importantes associações ou conotações: o que fazer? Seria melhor perder a fluência da expressão idiomática e preservar as associações, talvez com uma nota de rodapé explicativa, ou preservar a fluência e sacrificar as associações, talvez, novamente, com uma nota de rodapé explicativa?

Paulo instrui os coríntios: "... Cumprimentai-vos uns aos outros com beijo santo" (1Co 16.20). Uma tradução literal poderia funcionar bem na França e em boa parte do mundo árabe, mas não na China. É possível entender por que J. B. Phillips faz a seguinte paráfrase: "Gostaria que vocês apertassem as mãos uns dos outros como sinal de amor cristão".[12] É provável que isso não traga grandes prejuízos, pois no Novo Testamento não existem associações importantes com beijo; em suma, não há nenhuma teologia baseada no beijo.

Minha irmã enfrentou uma dificuldade que se consagrou como exemplo nos círculos de tradução. Cerca de quarenta anos atrás, ela trabalhou como missionária numa tribo em Papua Nova Guiné. Como se traduz naquele contexto "Eis o Cordeiro de Deus que tira o pecado do mundo!"? O povo

---

[12] J. B. Phillips, *Cartas para hoje: uma paráfrase das cartas do Novo Testamento*, tradução de Márcio Loureiro Redondo (São Paulo: Vida Nova, 1994), p. 74.

daquela tribo nunca tinha visto cordeiros nem ovelhas; eles não tinham uma palavra para se referir a esses animais e, claro, nunca tinham visto fotografias deles. No entanto, eles tinham o costume de sacrificar porcos. Então, seria melhor traduzir João 1.29 por "Eis o Porco de Deus que tira o pecado do mundo!"? Sem dúvida, é possível defender essa tradução, *contanto que esse versículo seja abstraído do restante da Bíblia.* Mas chegaria uma hora em que os tradutores da Bíblia para aquela tribo se veriam diante de textos que falam sobre rebanhos de ovelhas e sobre ovelhas tosquiadas, e ainda outros que classificam a carne de porco como alimento impuro que não deve ser ingerido por israelitas *kosher*. Aquilo que inicialmente parecia uma solução fácil começa a gerar muitos problemas, pois há várias verdades teológicas vinculadas a ovelhas e porcos.

Então, como devemos traduzir as expressões bíblicas com "filho(s) de"? Parece que não se causa nenhum grande mal quando se traduz "filho da aljava" por "flecha", pois referencialmente é o que a expressão significa, e "filho da aljava" do hebraico não é uma ideia clara quando traduzida literalmente para o português. Em outras palavras, essa tradução assemelha-se mais ao caso do beijo do que ao caso do cordeiro! E como traduzir "filho(s) de Deus"? Em quase todas as ocorrências, as associações da expressão são complicadas, têm uma carga teológica e são inevitáveis. Não seria melhor, então, traduzir o original mais literalmente, talvez com notas explicativas?

(2) Em um de seus textos mais antigos e influentes, parte do qual ele mais tarde reconsiderou, Rick Brown, um dos maiores pensadores e defensores das novas traduções, ressalta corretamente que um dos usos de "Filho de Deus" na Bíblia está associado à nomeação do rei davídico, o Messias.

Nesses casos, a expressão se encontra geralmente em paralelo com "Messias".[13] Repassamos alguns desses dados nos dois primeiros capítulos. Por exemplo, o anjo Gabriel diz a Maria que Jesus seria chamado "Filho do Altíssimo" e receberia "o trono de Davi, seu pai" (Lc 1.31-33). As mesmas duas confissões, Jesus é o Messias e Jesus é o Filho de Deus,[14] se encontram em 1João (veja, por exemplo, 1Jo 5.1,5). Vemos algo semelhante a isso em João 1.49, na exclamação de Natanael: "Rabi, tu és o Filho de Deus, tu és o rei de Israel"; e também em Gálatas 1.11-16, em que Paulo diz: "... o evangelho por mim anunciado não se baseia nos homens; [...] mas o recebi por uma revelação de Jesus *Cristo*. [...] Deus [...] se agradou em revelar *seu Filho* em mim". Em outras palavras, Brown afirma que Paulo emprega "Filho de Deus" como "sinônimo de 'o Cristo'".[15]

Além disso, Brown continua argumentando que os paralelos dos sinóticos apontam na mesma direção. Na confissão de Pedro em Cesareia de Filipe, Marcos e Lucas dizem simplesmente que Jesus é "o Messias" ou "o Messias de Deus" (Mc 8.29; Lc 9.20, NIV), ao passo que Mateus relata: "Tu és o Messias, o Filho do Deus vivo" (Mt 16.16, NIV). E Brown insiste nesse seu texto mais antigo: "Isso prova que Jesus e Mateus veem os dois como sinônimos. [...] Assim, 'o Cristo' devia ser suficiente para transmitir a carga semântica de 'Filho de Deus'".[16] Depois de sua conversão, Saulo "logo

---

[13] "Part 1: Explaining the biblical term 'Son(s) of God' in Muslim contexts", *International Journal of Frontier Missiology* 22/3 (2005): 91-6.
[14] Ou melhor, que o Messias é Jesus e que o Filho de Deus é Jesus.
[15] "Part 1", p. 94.
[16] Ibid.

passou a pregar Jesus nas sinagogas, dizendo ser ele o Filho de Deus [...] provando que Jesus era o Messias" (At 9.20,22, NIV). E novamente Brown afirma: "Isso mostra que provar que Jesus é o Cristo é suficiente para proclamá-lo Filho de Deus".[17] Em suma, na opinião de Brown, esse raciocínio autoriza substituir "Filho de Deus" por "Cristo"/"Messias" em situações em que é provável que o título "Filho de Deus" seja motivo de ofensa. Se "Filho" é ofensivo no mundo muçulmano, então, em muitas passagens, simplesmente se usa "Messias" como substituto, pois é isso que "Filho" significa.

Esse argumento em prol da "suficiência" de uma tradução específica é defeituoso por três razões. *Primeira*, é claro que Brown está linguisticamente informado e tem plena consciência de que o fato de duas expressões serem consideradas sinônimas quase nunca significa que elas sejam totalmente intercambiáveis. Se fosse assim, então "Tu és o Messias, o Filho do Deus vivo" realmente significa "Tu és o Messias, o Messias" ou "Tu és o Filho do Deus vivo, o Filho do Deus vivo". As duas expressões têm o mesmo referente, mas isso não quer dizer que elas signifiquem exatamente a mesma coisa. Isso parece explicar por que Brown usa a terminologia da "suficiência" no artigo em questão: ele está partindo da premissa de que um referente comum a ambas as expressões é bastante para justificar o uso de uma pela outra. Mas um referente comum não quer dizer que os sentidos, associações e conotações de ambos os termos sejam idênticos. Então, o que está se perdendo? "Messias" conota unção, assim como também os ofícios de rei e sacerdote; "Filho de

[17]Ibid.

Deus" conota identidade familiar, geração (seja biológica, seja como metáfora de nomeação), um relacionamento de amor e lealdade filial.

Segunda, ao recorrer aos paralelos dos sinóticos, Brown dá a entender que, quando escreveu seu artigo, não levou em conta todas as questões decorrentes desses paralelos. A primeira é histórica: O que Pedro de fato disse? Muitos pronunciamentos nos Evangelhos não representam citações textuais, mas algo semelhante a resumos fiéis. No caso da confissão de Pedro em Cesareia de Filipe, a maioria dos evangélicos afirmaria que as palavras de Pedro foram abrangentes o bastante para incluir tudo o que Mateus relata; Marcos e Lucas relatam menos do que a totalidade. A segunda questão é teológica: "Por que Marcos e Lucas relatam menos que a totalidade, ou seja, menos do que Mateus?". Será porque eles julgavam "suficiente" deixar fora o componente "Filho do Deus vivo", talvez porque o consideravam mera redundância? Ou será "suficiente" preservar somente "Messias" e não "Filho do Deus vivo" porque, embora seja "suficiente" estabelecer o referente, eles acharam desnecessário incluir todos os detalhes da totalidade em respeito aos interesses e prioridades teológicas de seus relatos? Praticamente qualquer pessoa que trabalhe constantemente com os Evangelhos escolheria a segunda explicação. Em outras palavras, o relato mais limitado dos dois é "suficiente" para seus propósitos teológicos. Mas isso quer dizer que, para os propósitos de *Mateus*, *não é* suficiente deixar de fora "Filho do Deus vivo" — e por isso a expressão foi incluída no relato.

Terceira, a análise de Brown não leva em conta as trajetórias bíblico-teológicas do tema do rei davídico e da terminologia do "Filho de Deus", trajetórias que delineei nos dois primeiros capítulos. Leitores com conhecimento bíblico percebem essas associações (e.g., não somente, digamos, 2Sm 7.14 com Sl 2.7, mas também Is 9 com os salmos 89 e 110). Dizer que os leitores muçulmanos não conhecem a Bíblia e, portanto, não poderiam evocar as trajetórias bíblicas não é uma solução responsável. Isso pode ser verdade, mas não lida com o problema. Uma vez adotadas, as traduções da Bíblia se tornam o parâmetro para a nova comunidade cristã, que, assim, ficaria enfraquecida com traduções que não preservam as trajetórias bíblicas que conferem sentido ao padrão de uso do Antigo Testamento pelo Novo.

O mesmíssimo tipo de resposta deve ser apresentado quando os que defendem as novas traduções observam que, no Novo Testamento, a fórmula batismal nem sempre é no nome do Pai, do Filho e do Espírito Santo (Mt 28.19), mas variam muito (cf. At 2.38; 8.12-16; 10.48; 19.3-5; 1Co 6.11). No mesmo ensaio mais antigo, Brown afirma: "Assim, quando a Trindade era invocada no batismo, havia flexibilidade quanto à forma como as pessoas da Trindade eram citadas".[18] Amém e amém. Mas uma coisa é observar a diversidade encontrada nas Escrituras e preservá-la em nossas traduções, e outra coisa é recorrer à diversidade na Bíblia para eliminar uma parte dela. Se as formas diversas fossem sinônimos *exatos*, não apenas no que diz respeito ao referente, mas também às associações e conotações, esse procedimento seria aceitável. No entanto, pode-se provar que não é esse o caso. O resultado da lógica empregada é uma tradução sistematicamente infiel.

---

[18] "Part 2", p. 141.

(3) Grande parte dos argumentos em favor das novas traduções é pragmática. Esse pragmatismo acontece de duas formas. Antes de listá-las, é melhor apresentar alguns dados da discussão mais atual.[19]

Num artigo bem recente, Rick Brown, Leith Gray e Andrea Gray recuaram num ponto crucial, mas avançaram com mais determinação em outros.[20] Os autores, sem dúvida influenciados pela consulta de Istanbul (novembro de 2011), recuaram ao demonstrar como "Messias" e "Filho de Deus" não têm exatamente o mesmo sentido, até mesmo quando o referente é comum a ambos, e concluem: "Cremos agora ser ideal expressar o componente familiar do sentido no texto [...] e que termos como "Cristo/Messias" devem ser usados para traduzir apenas *Christos/Meshiach*, mas não para traduzir *huios/ben*. Não incentivamos ninguém a fazer isso".[21] Da mesma forma, a Wycliffe publicou em sua página da internet declarações como estas: "A Wycliffe dos Estados Unidos exige que a divindade eterna de Jesus Cristo e seu relacionamento com o Pai sejam preservados em todas as traduções e que isso seja feito com clareza e exatidão. A Wycliffe dos Estados Unidos crê que entender o relacionamento entre Deus Pai e Deus Filho, Jesus, é essencial para a compreensão da natureza da Trindade". O SIL está tentando recolher algumas das novas traduções que circularam

---

[19]Agradeço a ajuda de Bryan Harmelink, Coordenador Internacional de Traduções do SIL International, que interagiu comigo em alguns dos pontos a seguir — o que não significa necessariamente que ele concorda com todas as minhas avaliações.

[20]Rick Brown; Leith Gray; Andrea Gray, "A new look at translating familial biblical terms", *International Journal of Systematic Theology* 28 (2011): 105-20.

[21]Ibid., p. 116.

amplamente antes da adoção dos atuais padrões mais rigorosos.[22] Além disso, desde fevereiro de 2012, SIL/Wycliffe interromperam os trabalhos com essas traduções, mesmo sob os padrões mais rigorosos, até que outra consulta aponte claramente o caminho a ser seguido.

Todavia, isso não significa que, quando Deus e Jesus são os respectivos referentes, SIL/Wycliffe sempre optem pela tradução "Pai" e "Filho" da forma mais literal. Afirmar que "entender o relacionamento entre Deus Pai e Deus Filho, Jesus, é essencial para a compreensão da natureza da Trindade" não é o mesmo que afirmar que "Pai" e "Filho" são categorias que precisam ser preservadas na tradução. O que foi declarado oficialmente é que a tradução literal recebe *preferência*, mas eles afirmam haver muitos casos em que a tradução literal é de fato capciosa e é preciso encontrar alternativas que preservem o sentido. Na verdade, a maior parte do extenso artigo de Brown e dos Gray dedica-se a provar exatamente isso.[23] O problema é que até agora há pouquíssimos exemplos de propostas de traduções de textos bíblicos nas quais se considere melhor evitar a "preferência". É possível que as diretrizes declaradas sejam fruto de prudência e comprometimento; mas elas parecem um pouco perigosas. Nas atuais circunstâncias seria bom reunir um número substancial de casos concretos e discuti-los. Isso nos leva à primeira das formas pelas quais os novos tradutores recorrem a considerações pragmáticas.

---

[22]Veja "Divine familial terms: answers to commonly asked questions", Wycliffe Bible Translators, disponível em: http://www.wycliffe.org/SonofGod/QA.aspx.

[23]Brown et al., "A new look at translating familial biblical terms".

(a) Por um lado, afirma-se que as traduções tradicionais são ruins porque passam aos leitores muçulmanos imagens mentais de geração física, união sexual e filiação biológica altamente ofensivas para eles. Trata-se de um argumento importante, que não deve ser facilmente descartado. Se as traduções tradicionais transmitem uma mensagem que não é verdadeira, logicamente temos o dever de fazer o máximo para produzir traduções que não transmitam o que é falso. Quando especialistas nos dizem que a palavra traduzida por "pai" em uma língua ou outra *quer dizer* "aquele que gera", será que isso não constitui razão suficiente para abandonar "pai"? Ou, novamente, Brown e os Grays mencionam línguas em que se usam duas palavras diferentes traduzidas por "filho", uma significando filho biológico e a outra com o sentido de filho social (ou seja, um filho que de algum modo pertence a uma unidade social, mas não é gerado por um pai específico). Nos casos em que essas palavras podem ser usadas, eles afirmam ser melhor optar pela segunda em relação a Jesus, o Filho de Deus, e não a primeira. Em outros casos, eles defendem que se use "como um filho" em lugar de "filho", de maneira parecida com o que faz o Targum (uma paráfrase em aramaico) de 1Crônicas 22.10, que diz: "Ele será amado diante de mim como um filho, e dele terei compaixão como um pai". Eles reconhecem que isso não é aceitável em algumas igrejas constituídas por muitos crentes de origem muçulmana, "porque o Pai gera o Filho não biologicamente na eternidade e gera sua natureza humana por intermédio da virgem Maria. Em ambos os casos o Filho é gerado, mas em nenhum desses casos há procriação envolvida".[24] Segundo

---

[24]Ibid., p. 115.

eles, uma alternativa melhor em algumas línguas é "o Filho que vem de Deus", pois "vem de" realmente significa "se origina de" sem nenhuma conotação de procriação. E, claro, dizem eles, é preciso encontrar alguma alternativa para o caso em que a palavra "pai" *quer dizer* "aquele que gera".

Essas abordagens são bem melhores do que simplesmente substituir "Filho" por "Messias". Mas, ao que tudo indica, com base numa linguística também defeituosa, eles estão dispostos a admitir a possibilidade de usar "Amado" em lugar de "Filho" em algumas ocorrências. Além do mais, há outras coisas que também precisam ser ditas em favor da preservação, em todos ou quase todos os casos, de alguma solução mais próxima das traduções tradicionais. Na verdade, por razões que logo ficarão claras, é possível construir uma boa argumentação em defesa de traduções *coerentes* que reproduzam o sentido de "Filho" e "Pai".

Primeiro, embora para alguém de fora, que não conhece a língua em questão seja difícil ter certeza, parece que alguns argumentos são supervalorizados. Será que "pai" de fato *quer dizer* "aquele que gera", ou será que em uma ou outra língua "pai" é empregado em raras metáforas, de modo que o leitor sempre parte do pressuposto da paternidade biológica? Mas, nesses casos, não seria mais prudente conservar a imagem bíblica e incluir uma nota para explicar a metáfora, principalmente se o preço de abandonar a metáfora seja tão alto quanto vimos? Além disso, o simples fato de uma língua não fazer uso de determinada metáfora não significa que seus usuários não consigam entendê-la, em especial se forem incluídas notas explicativas que os ajudem. A própria natureza de uma metáfora é que ela nos permite entender algo em categorias normalmente reservadas para outras coisas.[25]

Segundo, palavras equivalentes a "pai" e "filho" que transmitem a ideia de relacionamento social, mas não biológico, podem ser tão capciosas quanto palavras que transmitem o sentido de vínculo biológico. Já vimos como a linguagem envolvendo a ideia de "gerar" ou "geração" pode ser empregada em relação ao modo como Deus se torna o "Pai" de um rei davídico e, por fim, do próprio Jesus: ou seja, a geração é metafórica. Deus estabelece o rei como seu filho, ele o gera quando este assume o trono: neste ponto, no que diz respeito ao ato de reinar, o rei davídico deve agir como seu "Pai" e, assim, revelar-se um verdadeiro filho. Isso é mais do que uma simples relação social; é uma geração metafórica. Em outras palavras, qualquer que seja a palavra escolhida para traduzir "filho" nas línguas em que existe mais de uma possibilidade, será preciso acrescentar uma explicação. Em passagens como Salmos 2.7, um "filho" de ordem social é uma tradução tão perigosa quanto um "filho" de ordem biológica. As duas traduções exigem uma nota explicativa.

Terceiro, muitas vezes se afirma com razão que os muçulmanos ficam indignados e ofendidos, não com expressões entendidas da forma errada, mas com expressões corretamente entendidas. A própria encarnação é muito ofensiva e isso não depende de como ela aconteceu. Ao evitar uma linguagem que pode levar alguns a imaginar uma grotesca união sexual entre Deus e Maria, corre-se o enorme perigo de ocultar as formas precisas nas quais Jesus de fato aparece

---

[25]Veja a importante obra de Janet Martin Soskice, *Metaphor and Religious Language* (Oxford: Oxford University Press, 1985).

como Filho de Deus, formas que incluem sua preexistência, seu relacionamento com o Pai na eternidade passada, o ato de se tornar ser humano enquanto continua sendo Deus, e assim por diante.[26]

Quarto, as novas traduções impressionam alguns como forma indisciplinada da teoria da resposta do leitor agora aplicada à tradução da Bíblia. No capítulo 1, mencionei rapidamente o trabalho recente de Michael Peppard sobre o Filho de Deus.[27] Entre outras coisas, Peppard afirma que "filho de Deus" podia ser entendido como ideologia davídica por um público, como contos de deuses gregos por outro e como o imperador romano por ainda outro. Ele opta por imperador romano porque acha que é nisso que um público romano pensaria e "essa identificação afeta nossa interpretação do Evangelho de Marcos e de outros textos cristãos específicos".[28] Esse procedimento de Peppard é problemático, pois ele faz sua leitura de Marcos com base no que supostamente os romanos entenderiam com a expressão "filho de Deus", *mas não trabalha com o que Marcos de fato diz com os termos de Marcos*. Peppard está certo quando diz que, inicialmente, a expressão "filho de Deus" em si mesma pode ter conotações

---

[26]Nas palavras de Robert Yarbrough citadas no artigo de Hansen, "Este é um ponto crucial em que a natureza de Deus, colocada frente a frente com a criação, é categoricamente distinta nas duas religiões. Numa, Deus é absolutamente transcendente e incognoscível, e na criação não existe nada que se compare a ele. Ele é simplesmente inescrutável; não podemos chamá-lo 'Pai' e assim por diante. O Deus de Abraão, de Davi e de Jesus não é assim. No Novo Testamento, a linguagem do 'Filho de Deus' é a ponta do *iceberg*" ("The Son and the Crescent", p. 23).
[27]Michael Peppard, *The Son of God in the Roman world: divine sonship in its social and political context* (Oxford: Oxford University Press, 2011).
[28]Ibid., p. 28.

distintas para públicos distintos, mas nem Marcos, nem qualquer outro autor do Novo Testamento é tão flexível no tratamento dos temas do "Filho de Deus" a ponto de ser justo ou certo desconsiderar o fato de que os próprios autores bíblicos estão defendendo um ponto de vista. Assim, para um leitor que vincule a expressão "Filho de Deus" com temas da realeza davídica, Mateus 22.41-46 expande as categorias para mostrar que o Messias é *mais* do que filho de Davi.

O Evangelho de João também faz uma associação entre Messias e Filho de Deus, mas uma passagem como João 5.16-30, conforme vimos, aprofunda tanto o que significa afirmar que Jesus é o Filho de Deus, que toda nossa visão sobre Deus e sobre a filiação é enriquecida e transformada. *Não se trata de uma questão meramente tradutória. O sentido que Jesus dá a "Filho" em João 5 não existe em nenhuma língua, nenhuma cultura — mas "Filho" é a categoria usada por Jesus, apesar de não existir nada em português, inglês, urdu ou árabe que nos prepare para um Filho de Deus cujo relacionamento com o Pai seja comparável ao que o texto descreve.* Todos nós — falantes de português em São Paulo, Lisboa ou Luanda, de inglês em Londres ou Nova York, de urdu em Karachi, de árabe em Heliópolis, de kresh na África — estamos *necessariamente* despreparados em termos linguísticos para uma visão de Deus como essa. Se hoje o inglês (ou português) parece adequado a algo assim, isso se deve simplesmente à longa tradição da leitura da Bíblia. Mas à medida que nossa sociedade vai se tornando cada vez mais analfabeta nos conhecimentos bíblicos, temos de começar do zero para explicar as várias coisas que a Bíblia quer dizer quando nos instrui a confessar que Jesus é o Filho de Deus.

Os novos tradutores da Bíblia estão correndo o perigo de usar a teoria da resposta do leitor para domesticar as Escrituras, à semelhança de Peppard, em vez de permitir que elas desafiem o entendimento cultural antecedente.

É necessário que, no mínimo, estejamos sempre atentos, também na tradução da Bíblia, para o argumento de que essa ou aquela cultura pode ou não pode aceitar isso ou aquilo. Na melhor das hipóteses, esse argumento pode nos capacitar a traduzir com sabedoria e prudência; mas ele também pode se transformar numa desculpa para eliminar inadvertidamente da própria mensagem elementos ensinados com clareza pela Bíblia e que, portanto, são simplesmente inegociáveis.

(b) O segundo elemento pragmático invocado é que o sucesso dessas novas traduções é tão impressionante que a teoria se comprova na prática. É difícil comprovar os números que circulam, mas afirma-se que há milhares de conversões que, em certo sentido, se devem a essas novas traduções. Mas quando os números são colocados à prova, 46 por cento dos convertidos admitem preferir ler o Alcorão em lugar da Bíblia, 72 por cento continuam a pensar que Maomé é o supremo profeta e assim por diante.[29] Quantas dessas conversões são espúrias? Se for argumentado (e isso acontece) que temos muitas conversões espúrias também no Ocidente, isso não poderá ser negado. Mas podemos argumentar que, no Ocidente, essas conversões espúrias, em

---

[29]Veja, por exemplo, Phil Parshall, "Danger! New directions in contextualization", *Evangelical Missions Quarterly* 34 (1998): 404-6, 409-10; e a análise de Timothy C. Tennent, "Followers of Jesus (Isa) in Islamic mosques: a closer examination of C-5 'high spectrum' contextualization", *International Journal of Frontier Missiology* 23 (2006): 101-15.

grande parte, devem-se às pregações superficiais, ao mau uso das Escrituras, à ausência de discernimento espiritual entre muitos pastores e pregadores e à falta de coragem na forma como a Bíblia é de fato aplicada. Além disso, o grande número de conversões espúrias no Ocidente é majoritariamente debitado à fraqueza de nossa evangelização e ensino da Bíblia, fraqueza esta que precisa ser enfrentada e corrigida. O que alguns dos novos tradutores estão defendendo é que uma fraqueza semelhante seja transferida do ensino deficiente *para as próprias traduções da Bíblia* e então calorosamente acolhida. Isso parece ser a fórmula para um desastre.

(4) Uma das coisas que tentei mostrar nos dois capítulos anteriores é que usos distintos de "Filho de Deus" podem ocorrer lado a lado, *ligados por nada mais que a expressão em si*, trazendo como resultado um enriquecimento de todo o conceito de "Filho de Deus". Trarei à sua lembrança quatro exemplos.

(a) Em Mateus 1—4, Jesus é o Filho de Deus porque, à semelhança de Israel, o filho de Deus, ele reedita muitas experiências da nação — sendo chamado do Egito e tentado no deserto durante quarenta dias e quarenta noites. Mas a tentação no deserto é precedida pela declaração da voz que veio do céu no batismo de Jesus, "Este é o meu Filho amado, de quem me agrado" (3.17) — evocando, muito provavelmente, a acepção da filiação davídica/real, que certamente é desenvolvida mais adiante no Evangelho de Mateus. Não faz sentido perguntar: "Muito bem, então que tipo de filho ele é de fato?". A questão é que Jesus é o perfeito Israel *e* o perfeito Davi, e as duas ideias estão sob a mesma categoria, Filho de Deus.

(b) Pudemos observar que, em Hebreus 1.5-13, "Filho de Deus" está profundamente associado à linhagem davídica. Todavia, os leitores não podem nem devem tentar se livrar da influência do "Filho" dos versículos anteriores (Hb 1.1-4), nos quais ele é preexistente, o agente de Deus na criação do universo, o resplendor da glória de Deus, aquele que agora sustenta todas as coisas por meio de sua palavra soberana, depois de ter feito a purificação dos pecados, e assim por diante. Essa acepção de "Filho" é bem comum no Novo Testamento e suas raízes estão no Antigo Testamento (e.g., Is 9). No entanto, meu argumento é que o autor de Hebreus une de tal forma as duas acepções de "Filho", que não é prudente, podendo ser até impossível, ler os versículos 5-13 sem receber a influência dos versículos 1-4. Um dos efeitos é que a referência ao monarca davídico em Salmos 45.6, "O teu trono, ó Deus, subsiste pelos séculos dos séculos", pode ser interpretada como uma hipérbole por várias razões importantes naquele contexto; no entanto, quando as mesmas palavras são aplicadas a Jesus, elas *não* devem ser consideradas uma hipérbole, mas simplesmente a verdade, por razões igualmente importantes no contexto. E tudo isso está ligado não apenas pela tipologia davídica das Escrituras, *mas também pela maneira como o autor de Hebreus, em um único capítulo, une duas acepções da terminologia do "Filho" analiticamente distintas.* Se uma dessas acepções de "Filho" se perder na tradução, o vínculo temático também estará perdido.

(c) Já observamos também como, no anúncio do nascimento feito a Maria, o "Filho do Altíssimo" receberá o trono de seu pai Davi (Lc 1.29-37). Assim, nesse contexto, "Filho" está associado à ascensão de Jesus ao trono davídico. Na verdade, o texto revela uma interação temática mais complexa, pois lemos que a *razão* pela qual o santo que nasceria de Maria seria chamado Filho de Deus é que o poder do Altíssimo haveria de cobri-la com sua sombra. Estamos lidando aqui com os mais profundos mistérios que envolvem a encarnação. Nada disso se aplicava a nenhum outro rei da dinastia davídica. Somente quando esses outros reis assumiam o trono é que Deus os "gerava", tornando-se seu Pai. Em alguns contextos isso também vale para Jesus: ele passa a reinar num momento específico, que, como vimos, pode ter sido marcado por sua ressurreição/ascensão. Mas aqui a *razão* por que Jesus é chamado Filho de Deus é a concepção virginal viabilizada pelo misterioso poder do Altíssimo. Eliminar "Filho de Deus" de qualquer um desses usos faz com que o leitor deixe de enxergar o modo pelo qual Jesus é o Filho de Deus em ambos os sentidos. E novamente é a terminologia do "Filho" que une as duas acepções.

(d) Também vimos que, segundo João 20.30,31, o propósito do quarto Evangelho é anunciar Jesus como o Messias, o Filho de Deus. Temos aqui o mesmo encadeamento Messias/Rei/Filho que já conhecemos. Mas essa declaração do propósito do quarto Evangelho ocorre depois de passagens como João 5.16-30, em que a extraordinária relação do Filho com seu Pai celestial é expressa em categorias que fazem parte dos alicerces da doutrina da Trindade. Novamente, tudo isso está unido em grande parte pela terminologia do "Filho".

Em outras palavras, a mais rica carga teológica da expressão "Filho de Deus" aplicada a Jesus nasce de passagens que empregam a expressão *para fazer a polinização cruzada das diferentes acepções*. Esse fato constitui a grande razão por que as expressões "Filho de Deus" e "Pai" devem ser traduzidas de modo sistemático e coerente, pois de outra forma esses importantes vínculos intracanônicos não serão percebidos.

(5) Talvez uma palavra pessoal aqui não seja despropositada. Já tive o privilégio de trabalhar com equipes do SIL/Wycliffe em três continentes. Sou um grande admirador do trabalho que eles realizam, em alguns casos sob circunstâncias altamente desafiadoras. Alguns têm boa formação linguística. Mas sou obrigado a dizer que não são muitos os que têm formação em exegese, teologia bíblica ou teologia sistemática. Poucos têm formação em nível de mestrado, e menos ainda em níveis mais avançados. Com raras exceções, não os vejo como leitores profundos das Escrituras, o que resulta em abordagens fragmentadas dos desafios da tradução. Ninguém pode ser especialista em tudo, é claro — mas se espero alguma coisa deste livro é que ele sirva para que alguns desses obreiros diligentes e versados comecem a perceber como as observações que apresento aqui são importantes para a tradução da Bíblia e que outros mais busquem formação teológica avançada como parte do trabalho preparatório para o desenvolvimento de sua função.

(6) Minha última avaliação tem pouco a ver diretamente com tradução da Bíblia, mas apenas reúne três observações. *Primeira*, o novo método de tradução da Bíblia está correndo o risco de excluir seus "convertidos" da história do confessionalismo da igreja universal. É muito sério ficar tão distante da autoridade dos primeiros concílios e credos que refletem tantos conhecimentos com bases sólidas acerca de como pensar sobre Deus. Isso não significa necessariamente que os

antigos concílios e credos tenham sempre acertado. Todavia, o biblicismo que não tem nada a aprender com os grandes concílios corre o risco de se tornar uma seita. *Segunda*, muita coisa tem sido escrita por ex-muçulmanos convertidos ao evangelho que estão chocados com esses acontecimentos, afirmando com bases técnicas e pessoais que as novas traduções são produtos de ocidentais que estão impondo seu trabalho às igrejas locais. É difícil saber com certeza quanto disso é motivado por críticas bem fundamentadas e quanto é mero conservadorismo cultural. No entanto, até agora não detectei da parte de alguns dos novos teóricos da tradução muita sensibilidade pastoral diante dessa realidade. *Terceira*, a difusão do evangelho na igreja primitiva se deu pela disseminação das Escrituras *juntamente com a provisão de missionários e pastores*. Ficamos nos perguntando se pelo menos parte das tensões envolvendo a tradução da Bíblia não nasce do compromisso de alguns que oferecem traduções adequadas sem ao mesmo tempo viabilizar a presença de missionários e pastores.

Falando com toda franqueza, seria bom ver menos energia sendo gasta para nos afastar da riqueza teológica das afirmações bíblicas multifacetadas sobre a filiação de Jesus e muito mais energia empregada para entender e depois aprender a ensinar tudo o que a Bíblia diz e não diz sobre Jesus, o Filho de Deus. Assim, os que realmente se converterem ficarão ao lado dos cristãos através dos séculos e das culturas e afirmarão com calma reverência: "Creio em Deus Pai todo-poderoso, Criador do céu e da terra, e em Jesus Cristo, seu único Filho, nosso Senhor".

ÍNDICE REMISSIVO

"aquele que gera", 104-105
Adão, 13, 15, 31, 38
adoção, 15, 35-36, 38, 103
adoração, 88-89
Alcorão, 90, 92, 109
anjos, 11, 13, 15, 30, 35,
    41, 46-47, 51, 55, 60,
    62-63, 65

Bauckham, Richard, 61-63,
    74
Beale, Greg, 17, 38, 43
Berkhof, Louis, 83, 86-87
Biblical Missiology, 93
biblicismo, 82
Bray, Gerald, 86
Brown, Rick, 95, 97-104

Calvino, João, 81
céu, 12-13, 37, 41-42, 49,
    52-53, 55, 77, 110, 114

complementarismo, 16, 69
comunidades cristocêntricas,
    89
Credo Apostólico, 13
Criação, 44, 61-62, 70, 74,
    111
cultura hebraica, 21
Davi, 28, 33-35, 39-42,
    48-49, 50-51, 54-55, 60
Deus
    filho(s) de, 13, 29-36, 48,
        50, 58-59, 69, 107, 110
    glória de, 52, 111

encarnação, 43-44, 62, 92,
    106, 112
entendimento cultural, 109
escatológico(a), 35, 74
Escrituras
    exegese das, 12, 16, 63,
        69, 75, 78-79, 82, 87, 113

tradução literal das, 24, 96, 103
Espírito Santo, 14, 37, 43, 83, 93, 101
evangelização, 87, 110

filiação biológica, 19, 104
Frontiers, 93-94

graça, 35, 39, 43
Gray, Andrea, 102-104
Gray, Leith, 102-104
Halacá, controvérsia em torno da, 66
Hansen, Collin, 93, 107
Harris, Murray, 59-60
hipostatização, 14
Horizon International, 93
Horton, Michael, 14-15

identidade, 20-21, 23, 26-27, 33-34, 74, 100
igualitarismo, 16, 69
Insiders, Movimento dos 91-92
islamismo, 90
Israel, 13, 15, 18, 31-33, 36, 40, 42-44, 47, 52-54, 61, 63, 65-66, 74, 76, 88, 98, 110

Janse, Sam, 15
Jesus
  ascensão de, 37, 111
  batismo de, 42, 110
  como Filho de Deus, 75, 84, 87-89, 92, 107
  como Messias, 29, 36, 41, 49, 54, 61, 98-100, 112
  como sacerdote, 38, 47, 64-65, 77
  como Verbo de Deus, 43-44, 73-74
  divindade de, 13, 43, 63, 65, 69, 73
  geração eterna de, 83, 86-87
  pessoa e obra de, 17
  reinado de, 41, 52-55
  reino de, 38-41, 51-55, 65
  singularidade de, 86
  subordinação de, 16, 68-70, 72
  tentação de, 42, 53, 110
  tipologia davídica de, 49, 51, 58, 77-78, 111
  traduções bíblicas de, 16, 92-97, 101-110, 114
  Veja também encarnação

juízo final, 71, 73
justificação, 79

linguagem de filho e
 filiação, 33, 35, 42, 62,
 88, 92, 107

McGrath, Alister, 14-15
missões, 93-95
modalismo, 81
Moisés, 31-33, 37, 59-60,
 62
muçulmanos convertidos,
 91, 109, 113-114

Oliphint, K. Scott, 15

Peppard, Michael, 15-16,
 107, 109
Peterson, Robert, 16-17
Phillips, J. B., 96
povo da aliança, 32, 36

redenção, 35, 38, 52, 54, 62
relacionamento Pai-Filho,
 94

ressurreição, 37, 41, 47,
 54-55, 62, 64-65, 72, 80,
 112

Shabbath, 66-68
Sandmel, Samuel, 16
santificação, 79-80
Satanás, 23, 30, 35, 42, 53
Sinóticos, paralelos dos, 98,
 100

Targum, 104
teologia sistemática, 14-15,
 78-82, 86, 113
teoria da resposta do leitor,
 107, 109
Trindade, 14-15, 30, 76, 78,
 80-81, 83, 85, 88, 92,
 101-103, 112
triteísmo, 83

vida eterna, 37-38, 52, 54,
 72
vocação, 20-21

Wycliffe, 93, 102-103, 113

ÍNDICE DE PASSAGENS BÍBLICAS

Gênesis
22.2	18

Êxodo
3.2	62
4.22,23	31
7.1	59
12.5	24
12.23	62

Deuteronômio
6.13	42
8.3	42
8.5	19
13.13	22
14.1	32
25.2	24, 26
32.18	32

Juízes
19.22	22
20.13	22

Rute
4.13	18
4.17	18

1Samuel
1.16	22
2.12	22
10.27	22
16.18	18
20.30	27
25.17	22
25.25	22
30.22	22

2Samuel
7	58
7.13	34
7.13,14	38
7.14	33, 42, 47-51, 58, 77, 84, 87, 101

7.14a	34	2.1	30
7.14b	34	5.7	24
7.15	39	38.7	30
7.16	39, 48	41.28	24
16.7	22		
17.10	24	*Salmos*	
20.1	22	2	15, 34, 42, 47-48, 55 58, 63
23.6	22		
		2.2	40, 48, 49
1Reis		2.4	49
21.10	22	2.6	34, 49
21.13	22	2.7	34, 46-51, 55, 63-65, 77, 84, 86, 101, 106
2Reis			
4.28	18	2.8	49
6.32	24	2.10,11	49
16.3	18	2.11,12	50
16.7	24	2.12	50
		18.43-45	51
1Crônicas		21.1	51
22.10	104	21.7	51
		29.1	30
2Crônicas		37.1-3	56
13.7	22	45	56-60, 62
		45.1	56
Neemias		45.2	56-57
12.28	24, 26	45.2-5	56
		45.4	56
Jó		45.6,7	51, 56, 77, 111
1.6	30	45.6-9	56

45.7	51, 57	110.1	51
45.10-12	57	110.4	51, 64
45.13-15	57	110.5,6	51
45.16	57	132.11	51
45.16,17	57	132.12	51
45.17	51	149.2	24
49.1-4	56		
63.1-8	51	*Provérbios*	
63.11	51	31.5	24
72.2-4	51		
72.5	51	*Isaías*	
72.7	51	9	50, 53
72.8-11	51	9.6	39-40
72.12-14	51	9.7	40
80.15	32	14.12	25, 27
82.6	33	19.11	25
89	101	21.10	25
89.6	30	43.6	32
89.14	56	45.11	32
89.18	51	52.13—53.12	42
89.19-29	35	57.3	25
89.22	24	63.8	32
89.25	51	63.9	62
89.27	40,51		
89.28-37	51	*Jeremias*	
91.11	42	3.19	32
91.12	42	31.9	32
103.19	52		
110	51, 61, 63, 89, 101	*Lamentações*	
		3.13	25

Ezequiel
18.14   19
21.10   35
34   51
34.10-15
34.23,24

Daniel
7   73

Oseias
11.1   32, 43

Miqueias
5.2   84

Zacarias
4.14   25

Malaquias
2.10   32

Mateus
1—4   110
1.1   42
2.2   53
2.15   32, 43
3.17   42, 110
4.1-11 42
4.3   42

4.6   42
4.15,16 53
4.17   41, 53
5.9   33, 69
5.44,45 33
6.10   55
10.37   19
11.27   44
12.18   36
13.33   52
13.38   25
13.41   41
13.43   41
13.44-46 52
13.55   18, 20
14.33   37
16.16   41
17.5   37
17.25   25
22.41-46 61, 108
25.31   41
25.34   41
25.40   41
27   36, 53
27.27-51a 53
27.29   53
27.37   53
27.42   53
27.50   53
27.54   44, 54

28	93	20.41-44	61
28.18	52, 54-55	24.21	54
28.19	101	24.26	54

Marcos *João*

2.19	25-26	1.1	43, 69
6.3	20	1.1-3	70
8.29	98	1.4	73
9.7	37	1.12	36
12.35-37	61	1.14	43, 83-84, 86
15.39	44	1.18	83-84, 86
		1.29	97

Lucas

		1.49	40, 98
1.29-37	111	3.3	52
1.31-33	98	3.5	52
1.32,33	40	3.16	83-84, 86
1.35	37	3.17	44
1.57	18	3.18	83, 86
1.63	18	3.35	70
2.45	36	3.36	37
2.48	19	5	108
3.38	31	5.8	65
6.35,36	33	5.10	66
9.20	98-99	5.16	66
9.22	99	5.16-30	45, 65, 87, 108, 112
9.35	37	5.17	67, 84
10.17,18	53	5.18	68, 84, 86
10.22	44	5.19	69-70
15.11	19	5.19-23	68
16.25	19		

5.19b	69	4.30	36
5.20	70	7.38,39	62
5.21	71	8.12-16	101
5.22	71	9.20	37
5.22,23	37, 43, 73	9.22	99
5.23	37, 43, 71, 73	10.48	101
5.24,25	72	13.32,33	47
5.26	73, 85, 87	13.33	52, 84, 87
5.27	73	13.33,34	34, 55, 65
5.30	70	17.16-31	88
5.36	84	17.28	31
8.29	69	19.3-5	101
8.33	27		
8.39,40	27	*Romanos*	
8.58	69	1.1-4	41
14.9	44, 69	1.9	37
14.13	37	5.10	37
14.31	69, 70	8.14	32
17.1-8	44	8.15	36
17.5	84	8.23	36
17.24	70	8.29	37
20.28	69	8.32	37
20.30,31	41, 54, 112	9.4	36
20.31	41		
		1Coríntios	
Atos		1.9	38
2.38	101	4.15,16	27
3.13	36	6.9,10	55
3.26	36	6.11	101
4.27	36	9.19-23	91

15.20	55	*1Tessalonissenses*	
15.24	55	1.10	37
15.24-28	52		
16.20	96	*Hebreus*	
		1	111
2Coríntios		1.1-4	46, 61-62, 111
6.15	22	1.2	38
		1.2,3	43
Gálatas		1.3	61, 84
1.11-16	98	1.4	46, 62
3.7	27	1.5	51, 58, 63, 65, 84, 87
3.9	27		
3.19	62	1.5-13	111
4.4-6	38	1.5-14	63
4.5	36	1.8	51, 56, 58
		1.8,9	51, 56
Efésios		1.13	51, 63
1.4,5	36	2	62
		2.2	62
Filipenses		3.5,6	60
2.9-11	52	4.8-10	60
2.15	32	4.14	38
3.10,11	80	5.4	47
3.12	80	5.5	47, 63, 65
		7	60
Colossenses		7.28	38
1.13	41	8	60
1.13,14	38	9—10	60
1.15-19	44	9.1-10	60
1.16	84	9.14	60

11.17	83, 86	4.15	42
11.24	18	5.1	41, 98
		5.5	42, 98
1João		5.11	38
1.3	38	5.20	44
1.7	38		
2.22,23	42	*Apocalipse*	
2.22	41	2.18	37
3.1	32	21.6-8	35
4.9	86		

Esta obra foi composta em Sabon,
impressa em papel off-set 75 g/m^2 e capa em cartão 250 g/m^2
na gráfica Imprensa da Fé em abril de 2016.